Susie Reinhardt

PSYCHOLOGIE ALS BERUF

Susie Reinhardt, geboren 1962 in Hamburg, ist selbst ein gutes Beispiel für die vielfältigen Möglichkeiten, die ein Psychologiestudium bietet. Reinhardt studierte Psychologie mit Schwerpunkt Klinische Psychologie an der Universität Hamburg. Nach dem Diplom arbeitete sie einige Jahre in der Drogenhilfe und absolvierte eine Weiterbildung zur Fachzeitschriftenredakteurin. Seitdem ist sie in ihrem Traumberuf »Wissenschaftsjournalistin« (Schwerpunkt psychologische und gesellschaftliche Themen) tätig. Zunächst arbeitete sie einige Jahre als Redakteurin für das Magazin »Psychologie Heute«, seit 2003 schreibt sie als freie Autorin für diese Zeitschrift und andere Medien. Neben der Psychologie begeistert sich Susie Reinhardt für die Musik: Sie moderiert die Sendung »Rumble – Musik aus dem Röhrenverstärker« beim Internet-Musikradio ByteFM und spielt Schlagzeug in einer Rockband.

Susie Reinhardt

PSYCHOLOGIE ALS BERUF

Die faszinierende Vielfalt einer Profession

Mit einem Beitrag von Anne Otto
und von Margit Schlesinger-Stoll

BELTZ

Dieses Buch ist auch als E-Book erhältlich
ISBN: 978-3-407-47174-1

www.beltz.de
www.psychologie-heute.de

Redaktion: Ursula Nuber
Layout: Lelia Rehm
Umschlaggestaltung: Johannes Kranz
Druck und Bindung: Beltz Bad Langensalza GmbH, Bad Langensalza
Printed in Germany

ISBN 978-3-407-47209-0
1 2 3 4 5 17 16 15 14 13

Inhalt

Vorwort

Wer sich mit dem Gedanken trägt, Psychologie zu studieren, hat meist den Wunsch, später in irgendeiner Weise mit Menschen zu arbeiten. Möglicherweise in Kliniken, als niedergelassene Psychotherapeutin, in Beratungsstellen oder in der Drogenhilfe. Auch die Vorstellung, die viele Laien vom Psychologenberuf haben, geht häufig in diese klinische Richtung. Das ist nicht falsch, die Klinische Psychologie ist ein wichtiger Schwerpunkt innerhalb des Psychologiestudiums und auch der psychologischen Praxis. Aber wer nur an diesen Bereich denkt, wird der Vielfalt des Berufs nicht gerecht. Das zeigen in eindrucksvoller Weise die Interviews, die die Autorin Susie Reinhardt mit Psychologinnen und Psychologen geführt hat, und auch die ergänzenden Beiträge der Wissenschaftsjournalistinnen Anne Otto und Margit Schlesinger-Stoll. Es ist spannend zu lesen, in welchen Branchen und zu welchen Fragestellungen Vertreter und Vertreterinnen dieses Berufsstandes heute tätig sind. Die Berichte aus dem Berufsalltag ganz unterschiedlicher psychologischer Professionen geben nicht nur Einblick in das konkrete Handeln von Psychologinnen und Psychologen – sie vermitteln auch interessante inhaltliche Informationen über die jeweiligen Forschungsgebiete und Arbeitsplätze.

Die Lektüre zeigt ganz klar: Psychologisches Wissen ist für eine funktionierende Gesellschaft inzwischen unentbehrlich. Ob in der

Personalplanung, in der Humanitären Hilfe, in der Luft- und Raumfahrt, im Medienbereich, in der Umweltpolitik, in der Verkehrspolitik, im Leistungssport, in der Forensik, in Erziehung und Schule – das Know How der Psychologie ist dort und in vielen, vielen anderen Bereichen sehr gefragt. Das ist eine erfreuliche Entwicklung und kann allen, die ein Psychologiestudium anstreben, Mut machen. Denn kaum ein Studienabschluss bietet so vielfältige und so faszinierende Möglichkeiten, wie die in diesem Buch versammelten Interviews bestätigen.

Die Gesprächsprotokolle entstanden im Zeitraum zwischen 2011 und 2013. Sie wurden zum großen Teil in der Zeitschrift PSYCHOLOGIE HEUTE unter der Rubrik »Was macht eigentlich …?« erstveröffentlicht. Für dieses Buch wurden sie überarbeitet und mit wertvollen Informationen rund um das Studium der Psychologie ergänzt.

Wer profitiert von diesem Buch?

- Alle, die Psychologie studieren wollen.
- Alle, die mitten im Studium stehen und noch nicht wissen, in welche Richtung sie sich beruflich entwickeln wollen.
- Und alle, die noch nicht oder nicht mehr wissen, ob dieses Fach für sie überhaupt das richtige ist.

Die zahlreichen Informationen und wertvollen Einblicke in diesem Buch bieten eine hilfreiche Orientierung und unterstützen bei anstehenden Entscheidungen. Und sie machen Mut: Wie zum Beispiel die Aussage von Fredi Lang vom Berufsverband Deutscher Psychologinnen und Psychologen e.V. (BDP) am Schluss des Buches: »Psychologen sind selten arbeitslos.«

Ursula Nuber
Redaktion Psychologie Heute

Einleitung

Die Psychologie als Wissenschaft ist faszinierend, weil sie den Menschen erforscht. Sie liefert Erkenntnisse, die uns brennend interessieren: weil sie uns persönlich betreffen und zur Selbstbetrachtung anregen, weil wir soziale Wesen sind und uns andere Menschen wichtig sind. Was macht den Menschen aus, was prägt, motiviert oder fördert ihn, was spornt ihn an oder bremst ihn aus? Wann sind wir glücklich, was macht uns traurig oder psychisch krank, was treibt einige zu Höchstleistungen, wie kommt es, dass andere Verbrechen begehen? Mit solchen und ähnlichen Fragen zum Denken, Fühlen und Handeln des Menschen beschäftigt sich die Psychologie. Aber was verbirgt sich hinter dem Fach »Psychologie« genau?

Was ist Psychologie?

Das Wort »Psychologie« ist aus dem Griechischen abgeleitet. Dort bedeutete *psychein* ursprünglich Hauch oder Atem. Da der Atem das Kennzeichen des Lebens ist, wurde der Begriff *Psyche* mit Leben oder Seele gleichgesetzt. Entsprechend definierte man früher die Psychologie als »Seelenkunde« oder »Lehre von der Psyche« und meinte damit alle nicht-körperlichen Vorgänge im Menschen. Diese Beschreibungen sind heute nicht mehr gebräuchlich. Auch deshalb, weil die Begriffe »Seele« und »Psyche« suggerieren, es gäbe für sie einen festen Sitz im Körper, eine Art »seelisches Organ«. Aber wo wäre das, im Gehirn, im Herzen, im Bauch oder in jeder einzelnen Zelle?

Die Psychologie ist eine Wissenschaft, und als solche geht sie nicht von Behauptungen aus (wie dem Sitz einer Seele). Was kann man also tun, um die bewussten und unbewussten Vorgänge und Zustände eines Menschen zu bestimmen? Man kann sein Verhalten und Erleben messen. Was das *Verhalten* angeht, können wir vieles direkt beobachten: ob jemand lächelt oder weint, wie und worüber er spricht, ob er überhaupt redet oder schweigt. Sogar einige Körperreaktionen auf psychische Zustände wie Atemfrequenz, Herzschlag oder Hautleitfähigkeit lassen sich bestimmen. Das *Erleben* von Menschen festzustellen geht nur über einen Umweg. Wir müssen sie fragen, was sie fühlen, wovon sie träumen, und was sie ärgert, wovor sie sich fürchten, oder was sie sich wünschen, welche Vorstellungen sie von der Welt haben. Weil sich die seelischen Vorgänge auf diese Weise konkret messen lassen, spricht man heute von der Psychologie als Wissenschaft, die das Erleben und Verhalten des Menschen untersucht.

Geschichte der Psychologie

Seit mehr als 2000 Jahren beschäftigen Menschen sich mit psychologischen Fragen. Die ersten Ansätze finden sich bei griechischen Philosophen, die sich mit dem Wesen des Menschen und dem Gegensatz von Geist und Materie beschäftigten. In ihren Anfängen war die Psychologie lange Zeit ein Teilgebiet der Theologie oder Philosophie und wurde meist rein spekulativ betrieben. Aber nicht nur. Aristoteles (um 384–322 v. Chr.) war der Erste, der neben Behauptungen bereits empirische Daten verwendete; in seinen »Assoziationsgesetzen« stellte er dar, dass Gedanken nicht »gottgegeben« sind, sondern durch die Umwelt bestimmt werden.

Die Bezeichnung »Psychologie« tauchte erstmals im 16. Jahrhundert auf, in den Vorlesungen des deutschen Philosophen und Theologen Philipp Melanchthon (1497–1560). Er nannte darin die »Seele« einen der wissenschaftlichen Behandlung würdigen Gegenstand. Bis zum Beginn der Psychologie als Wissenschaft sollte es aber noch etwa 400 Jahre dauern. Den Weg dahin bereitete unter anderem Gustav Theodor Fechner (1801–1887), ein deutscher Physiker und Philosoph, der als Erster psychologische Experimente mit der Mathematik verknüpfte. Er taufte das neue Fach »Psychophysik«, es gilt als das erste Teilgebiet der experimentellen Psychologie. Als Geburtsstunde der Psychologie als Wissenschaft wird aber das Jahr 1879 genannt – damals richtete der Psychologe und Philosoph Wilhelm Wundt (1832–1920) in Leipzig das erste psychologische Labor ein und baute das Fach allmählich mit kontrollierten Beobachtungen und gezielten Experimenten zu einer Wissenschaft aus. Neben diesem naturwissenschaftlichen Zweig der Psychologie bildete sich später ein zweiter heraus, der die geisteswissenschaftliche Seite betonte und sich mit dem Verstehen und den Sinnzusammenhängen menschlichen Handelns beschäftigte.

Diese doppelte Ausrichtung kommt Psychologen zugute, denn in vielen psychologischen Berufen ist heute zweierlei gefordert: Einfühlungsvermögen *und* wissenschaftliches Arbeiten. Wer beispielsweise als Psychologe in einer Klinik oder in der Personalabteilung eines Unternehmens tätig ist, muss Menschen verstehen und sich in ihre Lage hineinversetzen können – gleichzeitig wird verlangt, dass er Behandlungen, Beratungen oder Personalgespräche auf der Basis wissenschaftlich bewährter Methoden durchführt. Da die Psychologie sowohl das »Verstehen« als auch das »Forschen« beinhaltet, wurde sie im Fächerkanon der Universitäten mal den Geisteswissenschaften und mal den Naturwissenschaften zugeordnet. In jüngster Zeit zählt man sie eher zu den Naturwissenschaften und betont damit die empirische Forschungsseite.

Die moderne Psychologie

Heute ist die Psychologie ein breites Fachgebiet. Zum einen wird weiterhin geforscht, nach welchen Gesetzmäßigkeiten Menschen fühlen, denken und handeln, was sie ausmacht und unterscheidet. Darum geht es im Studium in den sogenannten Grundlagenfächern: wie Menschen wahrnehmen, denken oder lernen (Allgemeine Psychologie), wie sich physiologische Prozesse im Gehirn auf unser Verhalten auswirken (Neuro- und Biopsychologie), wie Sprache und Persönlichkeit sich entwickeln (Entwicklungspsychologie), wie Menschen sich in bestimmten Eigenschaften voneinander unterscheiden (Differentielle Psychologie) und wie das Zusammensein mit anderen unsere Gedanken, Gefühle und unser Verhalten beeinflusst (Sozialpsychologie).

Zum einen sucht die Psychologie also ständig nach neuen Erkenntnissen und Gesetzmäßigkeiten über den Menschen, zum anderen stellt sie Mittel und Methoden bereit, dieses Wissen in der Praxis zu verwenden. Wenn Letzteres geschieht, spricht man von Anwendungsfeldern der Psychologie – diese sind viel zahlreicher, als die meisten vermuten.

Viele Laien verstehen fälschlicherweise unter Psychologie und Psychoanalyse dasselbe – aber Letzteres bezeichnet lediglich eine bestimmte Strömung innerhalb der Psychologie, die Sigmund Freud vor fast 100 Jahren begründete und die heute zu den wenigen von den Krankenkassen anerkannten Heilmethoden zählt. Diese Verwechslung deutet darauf hin, dass viele den Beruf des Psychologen mit dem des Psychotherapeuten gleichsetzen. Zu Unrecht, denn Psychologie lässt sich mit vielen Arbeitsfeldern verknüpfen. Sie ist zwar ein eigenständiges Fach, aber ihre Erkenntnisse wirken in viele andere Arbeitsfelder hinein. Hier nur ein paar Beispiele: Ingenieure nutzen psychologisches Wissen über Denkprozesse, um benutzerfreundliche Maschinen zu bauen, Erkenntnisse über das Lernen übernimmt die Pädagogik, Studienergebnisse zum Altern wirken in die Medizin hinein, Forschungen über Vorurteile gegenüber Minderheiten sind für die Politik interessant, wie Mobbing entsteht wollen Personalabteilungen wissen, Erkenntnisse zur Arbeitszufriedenheit oder zum Verbraucherverhalten fließen in die Wirtschaftswissenschaften ein.

Wo Psychologen arbeiten – 18 Berufsfelder

Um die verschiedenen, teils wenig bekannten Arbeitsfelder von Psychologen geht es im ersten Teil des Buches. Darin werden Psychologinnen und Psychologen porträtiert, die in ganz verschiedenen Arbeitsfeldern tätig sind. Trotz ihrer unterschiedlichen Berufe haben sie alle denselben Hintergrund: eine Ausbildung als Psychologe:

- die **Umweltpsychologin** vermittelt in einem Streit zwischen Förstern, Bürgern und Moutainbikern in einem Naturschutzgebiet;
- der **Raumfahrtpsychologe** beobachtet die Zusammenarbeit zwischen Menschen ihn einer simulierten Raumstation;
- die **Polizeipsychologin** macht sich anhand von Tatortfotos ein Bild vom Täter;
- der forensische **Gutachter** schätzt die Wahrscheinlichkeit ein, dass ein Sexualstraftäter rückfällig wird;
- der **klinische** Psychologe steigt mit einer Angstpatientin auf einen Kirchenturm;

- die **Medienpsychologin** berät einen Schauspieler, wie sich ein Mann mit Katzenphobie verhält;
- der **Musikpsychologe** erklärt Popmusikern die Grundbegriffe der Psychoanalyse;
- der **Gefängnispsychologe** führt Anti-Aggressionstrainings durch;
- die **Psychologin bei »Ärzte ohne Grenzen«** baut im Kongo Strukturen für die Humanitäre Hilfe auf;
- die Psychologin in der **Beratungsstelle** gibt Tipps zur Erziehung;
- die **Ingenieurpsychologin** forscht, wie Mensch und Maschine am besten zusammenarbeiten;
- die **Personalpsychologin** unterstützt Führungskräfte bei schwierigen Gesprächen mit Mitarbeitern;
- der **Werbepsychologe** untersucht, was Kunden zufrieden macht und ihre Loyalität zur Marke erhöht;
- der **Verkehrspsychologe** forscht, wie Autofahrer sich möglichst automatisch richtig verhalten;
- der **Sportpsychologe** bringt Leistungssportler mental in Form;
- der **Psychotherapeut** zeigt, wie man zum Heiler für die Seele wird;
- die **Traumpsychologin** kümmert sich um Soldaten nach belastenden Auslandseinsätzen.
- die **Schulpsychologen** unterstützen Lehrerinnen und Schüler bei Verhaltens- oder Lernschwierigkeiten;

In den Interviews beschreiben die Psychologen typische Tätigkeiten, die zu ihrem Beruf gehören, sie berichten von besonders interessanten oder schwierigen Aufgaben, erklären, mit welchen psychologischen Methoden sie arbeiten, und schildern, was ihnen in ihrem Beruf am meisten Freude macht. So unterschiedlich die Arbeitsfelder sind, aus denen die interviewten Psychologen kommen – die Gesprächspartner haben eines gemeinsam: Sie brennen für ihren Beruf.

Mit diesen 18 Berufsbeispielen ist die Sammlung der möglichen Tätigkeiten für Psychologen allerdings nicht vollständig. Es gibt noch einige mehr: Psychologen arbeiten außerdem in den Feldern Begabtenförderung, Berufspsychologie (bei der Bundesanstalt für Arbeit), Gerontopsychologie, Gesundheitskommunikation, Heimerziehung (Kinder- und Jugendhilfe), Neuro- und Biopsychologie, Öffentlichkeitsarbeit (Public Relations), Psychoonkologie, Rechtspsychologie, Tourismuspsychologie und im Verlagswesen. Diese ebenfalls spannenden Arbeitsfelder – und darüber hinaus gibt es noch weitere, kleinere Spezialgebiete – können in diesem Buch leider nicht besprochen werden, weil es den Rahmen sprengen würde.

Wie wird man Psychologe/Psychologin?

Der zweite Teil dieses Buches ist den Fragen gewidmet, die bei Interessierten auftauchen, die mit der »Psychologie als Beruf« liebäugeln. Hier geht es um *Fragen zum Studieren* – von der Studienplatzsuche über die Fächerwahl bis zu den neuen Studienabschlüssen Bachelor und Master und deren Vergleichbarkeit mit dem alten Diplom. Weil Studienplätze in diesem Fach heiß begehrt und knapp sind, schließt sich daran ein Kapitel zum *Auslandsstudium* an. Darin werden Studienmöglichkeiten in Holland, Österreich und weiteren Ländern genannt – und was bei der Titelanerkennung zu beachten ist. Außerdem berichtet eine junge Frau, die in Holland ein Bachelorstudium begonnen hat, von ihren Motiven und Erfahrungen.

Das Buch schließt mit Tipps zur *Studienplanung* und Einschätzungen zu den künftigen *Berufsaussichten für Psychologen.* Fredi Lang, Fachreferent vom Berufsverband Deutscher Psychologinnen und Psychologen (BDP) geht auf diese Fragen im Schlusskapitel ein.

Ich wünsche Ihnen viel Vergnügen beim Eintauchen in die Arbeitswelt dieses spannenden Berufsfeldes!

Susie Reinhardt
Hamburg, im Frühjahr 2013

WO ARBEITEN PSYCHOLOGEN?

18 Beispiele aus der Praxis

DIE UMWELT-PSYCHOLOGIN

Wann verhalten Menschen sich umweltfreundlich?

Warum fahren Menschen trotz guter Anbindung nicht mit öffentlichen Verkehrsmitteln, warum wehren sie sich gegen Windkraftanlagen in bestimmten Gegenden, und warum achten Mountainbiker so wenig auf die Natur? Mit Fragen wie diesen beschäftigt sich die Psychologin Anke Blöbaum.

Frau Blöbaum, Sie sind Umweltpsychologin. Was ist das eigentlich?

In der Umweltpsychologie geht es um die Wechselbeziehung zwischen Mensch und Umwelt. Dabei schauen wir uns beide Richtungen an. Zum einen: Wie verhalten wir Menschen uns gegenüber der Umwelt? Dazu gehören beispielsweise Studien, wie wir es schaffen können, uns umweltschonender zu verhalten. Aber wir gehen auch von der anderen Seite aus und untersuchen: Wie erleben Menschen ihre Umwelt, welche Umgebungen empfinden sie als angenehm, entspannend – welche Umwelt wirkt eher belastend, stressig oder beängstigend?

Wie sind Sie zu diesem Zweig der Psychologie gekommen?

Ich habe in Bochum studiert und wurde durch die Veranstaltungen von Rainer Guski, der dort den Lehrstuhl für Umweltpsychologie innehatte, auf das Fach aufmerksam. In seinen Seminaren ging es beispielsweise darum, wann Menschen Lärm als Belästigung empfinden, wie Menschen Architektur wahrnehmen und bewerten und wie man öffentliche Räume so gestalten könnte, dass Menschen sich darin möglichst wohlfühlen. Dieser Ansatz, auf die Gestaltung von Stadt und Umweltplanungen einen Einfluss auszuüben, die Umwelten möglichst menschengerecht zu machen, hat mir gefallen. Nach meinem Studienabschluss habe ich an einer Studie zum Schwerpunkt »Mensch und globale Umweltveränderung« mitgearbeitet und zu diesem Thema dann auch promoviert.

Was war das Thema dieser Forschungsarbeit?

Ich wollte herausfinden, unter welchen Bedingungen Menschen sich umweltschonend fortbewegen. Dabei interessierte mich einerseits, ob Normen eine Rolle spielen, wenn Menschen sich etwa entscheiden, Fahrrad zu fahren oder öffentliche Verkehrsmittel zu benutzen, statt ins Auto zu steigen. Andererseits wollte ich wissen, wie stark bei dieser Entscheidung die vorhandene Infrastruktur mit hineinspielt – also ob Busse, Bahnen verfügbar sind oder ob sich Geschäfte in der Nähe befinden.

Was haben Sie herausgefunden?

Die Studie ergab: Wenn die Umstände sehr ungünstig sind – beispielsweise weil der Bus nur sehr selten fährt oder die Haltestelle kilometerweit vom Zielort entfernt liegt –, dann haben unsere inneren Einstellungen, auch wenn wir umweltschonendes Verhalten sehr hoch hängen, kaum eine Chance, sich durchzusetzen. Erst wenn die Umstände günstiger sind, wenn beispielsweise eine Bahn mit guter Taktung in der Nähe hält, es am Zielort kaum Parkplätze gibt, kommen unsere Normen ins Spiel. Doch es gilt genauso: Wenn die Umstände sehr günstig sind – wenn die U-Bahn direkt vor der Tür hält und alle anderen Verkehrsmittel nur Nachteile haben –, dann benutzen fast alle die U-Bahn. Auch Menschen, die nicht unbedingt umweltbewusst sind.

Aber in einer Großstadt ist Bahn- oder Busfahren sehr einfach und praktisch – und trotzdem fahren viele mit dem Auto.

Es mag sein, dass der öffentliche Nahverkehr gut ausgebaut ist, aber einige Menschen nehmen es trotzdem anders wahr. Zunächst einmal wissen viele gar nicht, dass es für die Strecke von A nach B einen Bus gibt. Außerdem fällt ins Gewicht, dass unsere Wahrnehmung oft verzerrt ist. Wir haben mal in einer Studie untersucht, wie Menschen die »Kosten« für so einen Weg von A nach B bei verschiedenen Verkehrsmitteln berechnen. Dabei kam heraus, dass wir in der Regel den Weg zu einer Haltestelle für öffentliche Verkehrsmittel überschätzen. Und genau umgekehrt, den Weg zum Parkplatz des eigenen Pkw unterschätzen. Oft rechnen wir ihn überhaupt nicht mit ein, ebenso wenig die Parkplatzsuche, Staus oder andere mögliche Widrigkeiten. Dementsprechend wird der Aufwand für eine Fahrt mit dem öffentlichen Nahverkehr als viel größer angesehen, als er tatsächlich ist. Das Gute ist, daran kann man etwas ändern. Nämlich Situationen so gestalten, dass es Menschen leichter fällt, sich umweltschonender zu verhalten.

Wie hilft man Menschen, sich umweltfreundlicher fortzubewegen?

Zum Beispiel indem man diese verzerrte Wahrnehmung korrigieren hilft. Wir haben in einem anderen Experiment Versuchspersonen Freitickets für den öffentlichen Personennahverkehr gegeben. Sie galten nur für bestimmte Fahrten und einen bestimmten Zeitraum. Die Fahrkarten mussten die Leute beim Benutzen abstempeln lassen – insofern wussten wir, wie oft sie auf dieser Strecke tatsächlich mit öffentlichen Verkehrsmitteln gefahren waren. Die Auswertung zeigte, dass die Freitickets Menschen zum Umsteigen bewegen, wenn die Strecke gut ausgebaut ist. Und das wirklich Ermutigende: Nach ein paar Monaten, als die Freifahrtscheine längst nicht mehr galten, waren einige zwar in ihre alten Gewohnheiten zurückgefallen und wieder ins Auto gestiegen, aber nicht wenige sind bei den öffentlichen Verkehrsmitteln geblieben. Wir können sagen: Wenn die Taktung gut ist, wenn man nicht zu lange warten muss und wenn die nächste Haltestelle nur maximal 700 Meter weit entfernt liegt – dann gibt es gute Chancen, Menschen mit Schnupperangeboten zum Umsteigen auf umweltfreundlichere Verkehrsmittel zu bewegen.

Zu welchen umweltpsychologischen Themen forschen Sie noch?

Ein anderer Forschungsschwerpunkt dreht sich um die Sicherheitswahrnehmung im öffentlichen Raum. Mir war aufgefallen, dass einige Menschen in den Interviews zur Verkehrsmittelwahl angegeben hatten, Umwege in Kauf zu nehmen, wenn ihnen der Weg sicherer erschien. Es betraf vorwiegend Frauen. Sie hatten beispielsweise zu Protokoll gegeben: »Haltestelle XY liegt zwar näher bei meiner Wohnung, aber ab 17 Uhr laufe ich lieber zur Haltestelle Z, da fühle ich mich sicherer.« Dass Frauen offenbar einen mehrere hundert Meter weiten Umweg in Kauf nehmen, nur um eine bestimmte Haltestelle zu vermeiden, ist sehr erheblich, wenn man in Kategorien von »Verhaltenskosten« denkt. Mich interessierten die genauen Gründe für diese Umwege. Denn Kriminalitätsstatistiken zeigen, dass Frauen viel eher von jemandem angegriffen werden, den sie kennen, als von einem Fremden. Das bedeutet, ihre Angst vor einem Weg oder einer dunklen Haltestelle ist wenig begründet. Trotzdem hält diese Furcht nicht wenige davon ab, abends im Dunkeln noch unterwegs zu sein. Ich möchte nun herausfinden, welche Umweltmerkmale eine Beängstigung bei Frauen auslösen. Und weil ich ja davon ausgehe, dass Frauen auf einem Bahnhof nicht wirklich in Gefahr sind, möchte ich in einem nächsten Schritt überlegen: Wie könnte man diese Umwelten so gestalten, dass Frauen sich sicherer fühlen?

Haben Sie schon Ergebnisse, wann Frauen einen öffentlichen Raum als besonders furchteinflößend empfinden?

Es sieht so aus, als seien folgende drei Faktoren ausschlaggebend: die Beleuchtung, der Überblick über die Umgebung und die wahrgenommenen Fluchtmöglichkeiten. Letzteres scheint dabei am wichtigsten zu sein für das Gefühl, sich sicher und wohlzufühlen. Das macht auch Sinn: Helligkeit und Überblick sorgen zwar dafür, dass ich einen möglichen Angreifer frühzeitig sehen kann – aber wenn mich tatsächlich jemand überfallen oder belästigen sollte, dann will ich vor allem aus dieser Situation fliehen. Diese neuen Erkenntnisse passen zu den Aussagen vieler Frauen aus unserer früheren Studie zur Verkehrsmittelwahl. Sie hatten angegeben, Bahnstationen mit nur einem Eingang zu vermeiden. Es war vor allem diese Vorstellung, aus der Situation nicht in entgegengesetzter Richtung fliehen zu können, die dramatisch beängstigend wirkte.

Gibt es noch weitere Forschungsprojekte?

Wir beschäftigen uns auch mit der Ästhetikwahrnehmung von Windkraftanlagen und Stromtrassen in verschiedenen Umgebungen. Wir möchten herausfinden, ob es Landschaftstypen gibt, die als stärker beeinträchtigt wahrgenommen werden, wenn man dort Windkrafträder aufstellt. Das könnte beispielsweise der Fall sein, wenn die Stromanlagen in einer scheinbar unberührten Landschaft stehen. Ich sage scheinbar, denn wir haben ja gar keine unberührte Natur, sondern leben in Kulturlandschaften. Außerdem interessiert uns, ob die Anzahl der Stromanlagen eine Rolle spielt, ob es beispielsweise egal ist, wenn in einer Landschaft schon 20 Windräder stehen und dann noch zwei hinzukommen.

Unter »unberührter Landschaft« verstehen wir gemeinhin einen Deich mit Schafen?

Ja, beispielsweise, auf dem dann zwei Windanlagen aufgestellt werden. Oder eine bewaldete Hügellandschaft, aus der oben heraus die Rotoren ragen, sodass man sie schon von weitem sehen kann. All das verändert die Landschaftssilhouette. Wie das ästhetische Empfinden dazu ist, untersuchen wir im Labor mit unterschiedlichen Fotos, die wir Versuchspersonen vorlegen und sie beurteilen lassen. In Zukunft möchten wir bei diesen Experimenten mit Simulationen, also virtuellen Realitäten, die wir am PC herstellen, arbeiten. Dann könnten wir reale Landschaftsausschnitte gezielt verändern, indem wir Windkraftanlagen hineinmontieren. Oder den Landschaftstyp variieren und schauen, ob Versuchspersonen dieselbe Menge Windanlagen in einem Wald als störender empfinden als auf einer Wiese. Für diese computergestützten Experimente fehlen uns derzeit leider noch Forschungsgelder.

Sie lehren und forschen nicht nur an der Universität Magdeburg, sondern arbeiten auch freiberuflich als Mediatorin. Was tun Sie da genau?

Ich habe vor kurzem eine Mediation durchgeführt, bei der es um Konflikte in einem Naturschutzgebiet ging. Naturschutz und Erholungsansprüche, diese Anliegen passen häufig nicht zusammen. Es muss aber gelingen, eine Lösung zu finden. Wir können nicht einfach einen Zaun um Naturgebiete ziehen, um die dort lebenden Pflanzen und Tiere bestmöglich zu schützen, und die Menschen aussperren. Wir müssen die Menschen auch in die Natur hineinlassen, sie dort spazieren gehen, Rad fahren oder Hunde ausführen lassen, damit sie Wälder und Wiesen genießen können. Also muss man die Vertreter der verschiedenen Positionen ins Boot holen und dabei unterstützen, gemeinsam eine Lösung zu erarbeiten, mit der alle leben können. In diesem Fall hatte mich eine Unterbehörde des Umweltministeriums von Nordrhein-Westfalen beauftragt, in einem Wuppertaler Wald zu vermitteln. Dort ging es vor allem um Konflikte mit Mountainbikern. An der Mediation nahmen einige dieser Biker teil, außerdem Vertreter der unteren Landschaftsbehörde und der Forstbehörde, Anwohner, Jagdpächter und ein Polizist, der als Ordnungshüter Regelübertretungen ahndet.

Bei der Mediation wurde deutlich: Die Mountainbiker hatten gar keine Ahnung, was sie mit ihrem Fahren abseits der Wege anrichten. Sie haben die Regel, nicht querfeldein zu fahren, nicht eingesehen, weil sie nicht wussten, dass sie damit gravierende Schäden verursachen – dass Wurzeln schwer beschädigt werden, Wild aufgeschreckt wird und auch manche Spaziergänger erschrocken sind, wenn jemand plötzlich durch das Gebüsch brettert. Dies zu vermitteln war eine der Kernaufgaben dieser Mediation. Und auf der anderen Seite den Förstern und Polizisten deutlich zu machen, dass nicht jeder Laie sofort sieht, was sein Fahren im Unterholz anrichtet. In Wuppertal wird jetzt an einer Ausweichstrecke für die Mountainbiker gearbeitet. Dass die Betroffenen direkt einbezogen werden, ihre unterschiedlichen Haltungen austauschen und die Lösung selbst erarbeiten, ist bei einer Mediation immer ganz wichtig.

Finden Sie Ihre Arbeit als Umweltpsychologin befriedigend?

Noch nie war das Problembewusstsein so stark, dass wir mit unserer Umwelt schonend umgehen müssen. Dass wir als Umweltpsychologen genau zu diesen Fragestellungen forschen, finde ich sehr befriedigend. Zu wissen, dass meine Arbeit wichtig ist, dass wir an Lösungen arbeiten, die unsere Gesellschaft wirklich braucht – das ist für mich das Schönste an meiner Arbeit.

Anke Blöbaum ist Diplompsychologin und ausgebildete Mediatorin. Sie studierte in Bochum den Schwerpunkt Umweltpsychologie und hat auch in diesem Fach promoviert. 2012 wechselte die Diplompsychologin an die Universität Magdeburg. Dort arbeitet sie an einem Lehrstuhl für Umweltpsychologie als wissenschaftliche Mitarbeiterin. Neben der Lehre und verschiedenen Forschungsarbeiten führt die Umweltpsychologin eine eigene Firma an ihrem zweiten Wohnsitz in Köln.

DER RAUMFAHRT-PSYCHOLOGE

Nicht jeder eignet sich für den Beruf des Piloten

Frank Zinn arbeitet am Deutschen Zentrum für Luft- und Raumfahrt (DLR) in der Nähe des Flughafens Hamburg-Fuhlsbüttel. Hier entwickelt der Psychologe Methoden für die Personalauswahl von Piloten und führt in diesem Rahmen Eignungsuntersuchungen durch. Darüber hinaus ist er in verschiedene Forschungsprojekte eingebunden.

Herr Zinn, was reizt Sie an der Tätigkeit für das Deutsche Zentrum für Luft- und Raumfahrt?

Mir gefällt hier besonders, dass es eine sehr vielfältige Tätigkeit ist, bei der verschiedene psychologische Disziplinen zum Tragen kommen. Wir sind in der Abteilung Luft- und Raumfahrtpsychologie ein Team von rund 30 Psychologen, das sind mehr Fachkollegen, als es an einigen Universitäten gibt. Insofern ist ein reger Austausch mit anderen Psychologen möglich, was ich sehr anregend und fruchtbar für die Forschungsarbeiten finde.

Was machen denn all diese Psychologen am DLR?

Neben verschiedenen Forschungsprojekten ist unser Hauptarbeitsfeld die Personaldiagnostik für Berufe in der Luft- und Raumfahrt. Hier wählen wir das Cockpitpersonal für nationale und internationale Airlines aus. Aber wir prüfen auch, wer sich als Fluglotse eignet, und führen Eignungstests für die Besatzung von Hubschraubern durch. Zuletzt haben meine Kollegen Ende 2009 Astronautenanwärter für die Europäische Weltraumorganisation (ESA) ausgewählt.

Für Airlines wie Lufthansa, die Berufsanwärtern eine Ausbildung zum Linienpiloten in der firmeneigenen Flugschule anbieten, ist es sinnvoll, die Bewerber im Vorfeld gründlich zu prüfen: Bringt dieser Mensch die spezifischen Voraussetzungen für diesen Beruf mit? Passt dieser bereits ausgebildete Pilot zu unserer Fluggesellschaft? Wir haben dazu Eignungsverfahren entwickelt, die sich gut bewährt haben: Rund 98 Prozent der Pilotenanwärter schließen die Flugschule erfolgreich ab und üben den Beruf später aus.

Wie finden Sie heraus, welche Fähigkeiten und Eigenschaften ein Pilot braucht?

Wir setzen uns mit erfahrenen Flugkapitänen der Airline zusammen und erstellen Jobanforderungsanalysen. Bei dem Beruf des Piloten handelt es sich um eine vielfältige und verantwortungsvolle Arbeit, entsprechend hoch und breit gefächert sind die Voraussetzungen: Wer im Cockpit sitzen will, braucht zunächst einmal gute kognitive Fähigkeiten, beispielsweise was Gedächtnis- und Aufmerksamkeitsleistungen angeht, ebenso ein gutes räumliches Vorstellungsvermögen und überdurchschnittliche psychomotorische Fähigkeiten. Und nicht zuletzt sind die sogenannten Soft Skills, also Kompetenzen im Zwischenmenschlichen ausgesprochen wichtig. Piloten benötigen eine hohe Kooperationsfähigkeit, das Talent zur Teamarbeit und Führungsqualitäten. All diese Fähigkeiten sind notwendig, um ein Flugzeug sicher zu führen.

Wie läuft die Personalauswahl für künftige Piloten konkret ab?

Auf einer ersten Auswahlstufe bitten wir die Kandidaten zu den kognitiven Leistungstests, die unter anderem die Bereiche Gedächtnis, Aufmerksamkeit und räumliche Wahrnehmung abdecken. Dieser Untersuchungsabschnitt dauert einen ganzen Tag. Die Kandidaten müssen in jedem Testgebiet eine Hürde nehmen – sie können einen mäßigen Gedächtnistest nicht mit hervorragenden Ergebnissen in Englisch ausgleichen. Insofern führt eine schlechte Leistung in einem der Bereiche bereits zum Ausscheiden. Etwa ein Drittel der Bewerber kommt weiter in die nächste Runde – in das sogenannte Assessment-Center. Das ist ein Personalauswahlverfahren, bei dem wir am ersten Tag mithilfe von Rollenspielen und Gruppenaufgaben insbesondere die Soft Skills eines Bewerbers untersuchen.

Wie sieht so ein Rollenspiel denn aus?

Angenommen, der Bewerber möchte als First Officer (FO) bei einer Airline eingestellt werden. Der FO ist der Kopilot im Cockpit, der nach einigen Jahren in dieser Tätigkeit Flugkapitän wird. Ein Beispiel für ein Rollenspiel wäre in diesem Fall folgendes: Sie als First Officer werden von der Flugbegleiterin nach hinten in die Kabine gerufen, weil es dort Probleme mit einem Businessclass-Passagier gibt. Dieser Fluggast, gespielt von einem ausgebildeten Rollenspieler unseres Teams, ist aufgebracht, weil die Maschine verspätet ist und er nun einen wichtigen Termin verpassen wird. Sie als FO sollen nun mit dem Passagier über das Problem sprechen, die Wogen glätten und gleichzeitig die Airline gut vertreten.

Wie lange dauert ein Rollenspiel, wer bewertet das Verhalten?

Das Rollenspiel dauert etwa zehn Minuten und wird, wie die anderen Aufgaben auch, von einer Auswahlkommission beurteilt. Diese besteht aus zwei bis drei Psychologen des DLR und ein bis zwei für diese Arbeit geschulten Flugkapitänen.

So vergeht der Vormittag, zu dem wir etwa zehn Kandidaten einzeln zum Rollenspiel einladen und dabei beobachten. Am Nachmittag finden dann Gruppenübungen statt, in denen es um das Verhalten bei Konflikten und in der gemeinsamen Planung geht. Schließlich gibt es noch eine dritte Übung, die einer typischen Cockpitsituation entspricht. Man steht zu zweit vor einer vielschichtigen Aufgabe, die es zu lösen gilt. Eine solche Aufgabe könnte lauten: Stellen Sie sich vor, in einer Stadt gibt es bestimmte Hauptverkehrsstraßen. Sie beide sollen nun die Verkehrsplanung neu organisieren. Bitte arbeiten Sie für den Andrang zur Hauptverkehrszeit einen Plan aus. Er soll so ausfallen, dass die Straßen möglichst gut ausgelastet sind, sie sollen weder über- noch unterlastet sein. Mit dieser dyadischen Übung lassen sich sehr gut bestimmte Eigenschaften beobachten, die für den Pilotenberuf wichtig sind, beispielsweise die Fähigkeit zur Zusammenarbeit, der Kommunikationsstil und das Entscheidungsverhalten im Zweierteam.

Wie geht es für diejenigen weiter, die diese Stufe schaffen?

Am zweiten Tag werden die Pilotenanwärter in den Flugsimulator gesetzt, in dem sie eine vorgegebene Strecke nachfliegen sollen. Im Simulator sollen die Kandidaten eine Vielzahl von Vorgaben, wie Flughöhe, Geschwindigkeit des Flugzeugs, Kurshalten, Sinken und Steigen, gleichzeitig beachten – und immer wieder müssen sie sich multitaskingfähig zeigen und neben dem Fliegen noch Meldungen über Funk annehmen und durchgeben. Wenn der Kandidat oder die Kandidatin diese Aufgaben gut bewältigt, geht es gleich anschließend zum Interview, der letzten Hürde unserer Eignungsauswahl. Hier wird unter anderem die Motivation des Bewerbers geprüft. Flugkapitän gilt zwar vielen als Traumberuf, aber es gibt durchaus junge Menschen, die sich zwar bewerben, aber sich wenig mit dem Beruf, den sie ein Leben lang ausführen wollen, auseinandergesetzt haben. Sie sollten schon genau wissen, was sie in diesem Job erwartet.

Gibt es in Ihrem Beruf eigentlich typische Tagesabläufe?

Nur was diese beiden Tage des Assessment-Centers betrifft. Ansonsten arbeite ich in mehreren ganz unterschiedlichen Forschungsprojekten, manchmal an verschiedenen Orten. Beispielsweise entwickeln wir gerade neue computerbasierte Methoden für das Assessment-Center. Und ich habe an einer Studie mitgearbeitet, die wir seit langer Zeit vorbereiten, der *Planetary Station*.

Was untersuchen Sie in dieser Forschungsarbeit zur »Planetenstation«?

Wir möchten mehr darüber herausfinden, wie sich Menschen mit verschiedenen Persönlichkeitsmerkmalen unter Habitatbedingungen, also in einer von der Außenwelt isolierten Wohnstation verhalten. Hierfür waren umfangreiche Vorarbeiten nötig. Zunächst einmal mussten wir einige Räume des DLR in Köln zu einem Habitat umgestalten, sodass die acht Versuchspersonen, die wir für diese Studie rekrutiert hatten, darin leben und arbeiten konnten: Jeder bekam ein Schlafzimmer, es gab eine Küche und einen weitläufigen Wohnbereich mit großem Tisch, an dem alle acht abends gemeinsam essen und Karten spielen konnten. Das Experiment ging insgesamt über fünf Tage. Die Versuchspersonen sollten dabei einem vorgegebenen geregelten Tagesablauf folgen und außerdem verschiedene Aufgaben erledigen.

Welche Aufgaben hatten die Probanden in der Wohnstation?

Sie sollten sich in folgendes Szenario hineinversetzen: In einer Raumstation auf einem fiktiven Planeten Mesos sollten sie sich untereinander über die Zusammenarbeit beim Abbau von Bodenschätzen verständigen. Über die fünf Tage der Studie konnten wir beobachten, wie Menschen mit verschiedenen Persönlichkeitsstrukturen miteinander in Beziehung treten und wie sich Kommunikation und Verhalten mit der Zeit verändern. Es ging gelegentlich hoch her, die Versuchspersonen haben hart miteinander verhandelt, blieben aber dennoch immer kooperativ.

Was waren Ihre Fragestellungen zum Verhalten in der Wohnstation?

Gibt es einen günstigen Persönlichkeitsmix für ein Team von Menschen in einem geschlossenen Raum? Kann es beispielsweise sein, dass eine Arbeitsgruppe, die aus vier sehr aktiven, kommunikativen und engagierten Menschen besteht, insgesamt weniger leistungsfähig ist als eine in Bezug auf diese Eigenschaften gemischt besetzte Gruppe? Es ist durchaus denkbar, dass vier solche »Macher« sich gegenseitig die Luft rauben, weil jeder versucht, seine eigenen Ideen und seine persönlichen Ziele umzusetzen, sodass es zu Konflikten kommt – und das Gruppenresultat eher mager ausfällt. Wir haben die wichtigen Passagen auf Video aufgezeichnet und werden sie mit mehreren Psychologen auswerten.

Ich habe die Probanden während der Verhandlungen über den Erzabbau beobachtet, weil ich diesen Teil der Studie geleitet habe. Da musste ich ab und zu als *ground control* in den Verlauf eingreifen, wenn die Bewohner sich nicht an die Spielvorgaben hielten. Neben dem Auftrag, den Erzabbau mit den Maschinen aus dem Kollektiv zu koordinieren, standen die Habitatbewohner noch vor weiteren Aufgaben: Sie sollten beispielsweise ein virtuelles Shuttle andocken, das dem der russischen Raumstation Mir ähnelt, und mussten räumliche Orientierungsaufgaben lösen, bei denen ihnen ein humanoider Roboter assistierte.

Wollen Sie uns mit dieser Studie auf das Leben auf dem Mars oder in einer Raumstation vorbereiten?

Wir haben diese Studie nicht für eine bestimmte anstehende Mission durchgeführt. Es handelt sich um grundlegende Forschung, in der es darum geht herauszufinden: Wie verhalten sich Menschen mit verschiedenen Persönlichkeitseigenschaften bei diesen unterschiedlichen Aufgaben, wenn sie von der Außenwelt isoliert zusammenleben? Wie ist das Zusammenspiel der einzelnen Charaktere, gibt es Konstellationen, die besser zusammenarbeiten können? Solche Habitate gibt es ja schon auf der Erde. Zum Beispiel leben Polarforscher in der Arktis unter ähnlichen Bedingungen. Insofern geht es bei unserer Forschungsarbeit nicht immer nur um den Blick ins ferne All.

Dr. Frank Zinn studierte in Hamburg Psychologie mit zwei Schwerpunktfächern, klinische Neuropsychologie und ABO-Psychologie (Arbeits-, Betriebs- und Organisationspsychologie). Seit 2007 arbeitet Frank Zinn am Deutschen Zentrum für Luft- und Raumfahrt (DLR) in der Abteilung Luft- und Raumfahrtpsychologie.

DIE POLIZEI-PSYCHOLOGIN

Nach Erklärungen suchen für eine Tat

Claudia Brockmann berät die Polizei bei Verhandlungen mit Geiselnehmern, sie prüft, ob Täter die Wahrheit sagen und erforscht, welche Motive zu einer Tat geführt haben.

Frau Brockmann, war Ihnen während des Studiums schon klar, dass Sie Polizeipsychologin werden wollten?

Nein, wie die meisten anderen auch hatte ich zu Beginn meines Studiums vor, Psychotherapeutin zu werden. Aber dann haben sich die Professoren aus dem Fach Rechtspsychologie vorgestellt, über Zeugenbegutachtungen und Tätervernehmungen berichtet. Das fand ich dann so spannend, dass ich mich im Hauptstudium für diesen Schwerpunkt entschieden habe. Ich schrieb dann meine Diplomarbeit zum Thema »Zuverlässigkeit von Zeugenaussagen« und machte anschließend ein Praktikum bei einem Polizeipsychologen. So bin ich zu meiner Arbeit hier am Landeskriminalamt gekommen.

Gibt es Fortbildungen oder bestimmte Zusatzausbildungen, die für Ihre Arbeit notwendig sind?

Ich würde empfehlen, den Studienschwerpunkt Rechtspsychologie zu wählen. Denn es ist unabdingbar, sich mit diesen Themen intensiv auseinanderzusetzen. Gut wäre auch, eine Weile im Gefängnis zu arbeiten oder im Gutachterdienst. Hilfreich ist aber auch, sich in der klinischen Psychologie auszukennen. Denn mit manchen Störungsbildern, den Sexual- oder Persönlichkeitsstörungen, haben wir hier ebenfalls zu tun. Es gibt auch eine Fortbildung zum Rechtspsychologen, innerhalb derer ein Schwerpunkt Polizeipsychologie angeboten wird. Wer diesen Beruf ergreifen möchte und die Gelegenheit hat, so eine Zusatzausbildung zu machen, sollte das wahrnehmen.

Wie viele Polizeipsychologen arbeiten hier im Landeskriminalamt (LKA) Hamburg, und was machen sie genau?

Als ich 1987 hier anfing, waren wir drei Psychologen und haben alle anfallenden Arbeiten erledigt, für die gesamte Polizei Hamburgs. Heute sind wir zu sechst, und die Tätigkeitsbereiche sind strikt getrennt. Zwei von uns arbeiten hier im LKA. Die anderen vier sind im zentralen Personalmanagement und für Personalentwicklung und -betreuung zuständig, in der internen Krisen- und Konfliktberatung. Sie haben unter anderem die Aufgabe, Polizeibeamte zu beraten und nach traumatischen Erlebnissen psychologisch zu begleiten. Mich hat die Ermittlungsarbeit schon immer am meisten interessiert. Als 2005 die neue Dienststelle »Kriminalpsychologische Einsatz- und Ermittlungsunterstützung« eingerichtet wurde, bekam ich dort die Leitung.

Wie schätzen die Polizeibeamten Ihre Arbeit?

Die psychologische Expertise hat hier grundsätzlich Gewicht – wenn es natürlich auch immer wieder Mitarbeiter gibt, die die psychologische Arbeit innerhalb der Polizei eher für Unfug halten. Die Polizeibeamten, die unsere Arbeit kritisch sehen, verlassen sich auf ihr Bauchgefühl. Sie meinen, dass dieses Gefühl sie nicht trügt, denn schließlich haben sie viele Jahre Lebens- und Berufserfahrung auf dem Buckel, und das halten sie für das Wichtigste bei der Polizeiarbeit. Sie wüssten schon, ob jemand bei einer Vernehmung die Wahrheit sagt oder lügt. Es liegt wohl daran, dass Polizeiarbeit ein Macherberuf ist, wo vieles oft ganz schnell entschieden werden muss, sodass manchen diese polizeipsychologische Art der langsameren strukturierten Arbeit schwerfällt.

Und wie beurteilen Sie, ob jemand bei einer Aussage die Wahrheit sagt?

Dabei beziehe ich mich unter anderem auf die sogenannten »Realkennzeichen«. Diese Methode wurde von Max Steller und Günter Köhnken entwickelt. Steller ist auf diesem Gebiet hoch angesehen, er berät bis heute regelmäßig den Bundesgerichtshof bei der Einschätzung zur Glaubhaftigkeit von Aussagen. Die beiden Professoren erarbeiteten Kriterien, anhand derer eine Einschätzung der Qualität einer Aussage vorgenommen werden kann. Dazu gehört beispielsweise, dass eine Schilderung in sich schlüssig ist und dass derjenige, der sie erzählt, auch eigene Gefühle zeigt. Dabei muss das Gesagte nicht unbedingt logisch geordnet sein, im Gegenteil. Eine besonders stringente Schilderung könnte sogar eher auf eine ausgedachte und dann auswendig gelernte Geschichte hindeuten. Außerdem finden sich in wahren Aussagen mehr Details als in erfundenen. In die Glaubhaftigkeitsbeurteilung fließen auch die kognitive Leistungsfähigkeit des Sprechenden ein, die Entstehungsgeschichte der Aussage und mögliche Motive für das Gesagte.

Holen Sie sich manchmal auch fachlichen Rat von Experten außerhalb der Polizei?

Ja, das tun wir bei komplizierten Fällen regelmäßig. Wie in dem Fall, bei dem eine alte Dame vergewaltigt worden war und der Täter anschließend mit ihr längere Zeit im Bett liegen blieb. Damals banden wir Peer Briken ein, den Direktor des Instituts für Sexualforschung und Forensische Psychiatrie an der Universität Hamburg. Er half uns bei Fragen, die wir uns in diesem Zusammenhang stellten: Was ist das für ein Mensch? In welchem Lebensumfeld könnte er sich bewegen? Arbeitet er vielleicht in der Altenpflege? Würde er sich auch an jüngeren Frauen vergreifen? Mit Brikens Hilfe und anhand von DNA-Vergleichen fanden wir schließlich heraus: Es gab weitere Opfer, und der Täter hatte auch junge Mädchen vergewaltigt, er war also nicht auf Ältere fixiert.

Wie gehen Sie in einem solchen Fall genau vor?

Erst einmal suchen wir nach Erklärungen für die Tat und den Tathergang: Warum geht dieser Mann am helllichten Tag zu diesem Opfer in diese Wohnung und auf diese Art und Weise? Wir stellen Vermutungen an über die Fantasien und die Vorstellungen des Täters, die sein gezeigtes Verhalten – das wir ja anhand der Spurenauswertung ziemlich genau kennen – möglichst gut erklären können. Daran arbeiten wir so lange, bis wir sagen können: Wir kennen die Situation, in der sich der Täter befunden hat. Dabei müssen wir berücksichtigen, dass das Täterverhalten auch abhängig vom Opferverhalten und der Situation ist. Wir stellen dann gemeinsam verschiedene Hypothesen auf. Diese entwickeln wir mit dem psychologischen Hintergrundwissen über Sexualdelikte und dissoziales Verhalten. Wir fragen uns, wo der wahrscheinliche Antrieb des Täters für dieses Delikt liegt. Ob er beispielsweise eher auf eine Sexualstörung oder auf eine dissoziale Persönlichkeitsstörung zurückgeht. Also ob es dem Täter um Triebbefriedigung ging oder um Verletzung der Normen. Das sind unsere Versuche, ein Täterbild zu erstellen. Dies ermöglicht dann den Kriminalbeamten, den Täter in einem entsprechenden Umfeld zu suchen.

Sie leiten verschiedene Abteilungen. Können Sie uns erklären, wie die Arbeit der einzelnen Sachgebiete konkret aussieht?

In der Abteilung »Risikoeinschätzung« sind vier Kriminalsachbearbeiter damit beschäftigt, anderen Abteilungen zuzuarbeiten und die Wahrscheinlichkeit von Straftaten einzuschätzen. Sie beschäftigen sich mit allem, was hier bei der Polizei aufläuft, egal ob es um Beziehungsgewalt, einen Tötungsversuch oder Erpressung geht. Sie sammeln alle Informationen und schätzen anhand dessen das Risiko ein. Davon hängt eine Menge ab. So beispielsweise die Frage, ob ein Täter sein Opfer, das den Angriff überlebt hat und im Krankenhaus liegt, noch einmal angreifen könnte, beispielsweise um damit einen Augenzeugen zu beseitigen. In so einem Fall müssten Polizeibeamte Tag und Nacht das Zimmer bewachen. Oder: Wie hoch ist das Risiko, dass ein Bankräuber seine Geiseln trotz Erfüllung der von ihm gestellten Bedingungen tötet? Dabei müssen wir immer die Konsequenzen bedenken und auch überlegen, welche Auswirkungen eine Medienberichterstattung auf einen Täter, das Opfer und auf das Sicherheitsgefühl der Bevölkerung hat. Dabei gilt es abzuwägen zwischen der Gefahr, die Bevölkerung unnötig zu beunruhigen, und dem Auftrag, sie bestmöglichst zu schützen. Diese Art von Vorhersagen zu treffen, die auf der Auswertung von Fakten basieren, darin besteht unsere Arbeit im Sachgebiet »Risikoeinschätzung«.

Neben dieser Abteilung leiten Sie auch die sogenannte »Verhandlungsgruppe«. Was sind deren Aufgaben?

Sie wird im Fall von Geiselnahmen, Erpressungen und erpresserischem Menschenraub, sprich Entführung aktiv. Wie schon der Name sagt, ist sie auf die Verhandlungen, die Kommunikation mit den Tätern spezialisiert. Das Sachgebiet wurde Ende der 1970er Jahre eingerichtet, nach der Geiselnahme in einer Bank in München. Auch hier am Hamburger Steindamm gab es 1974 eine Geiselnahme bei einem Banküberfall, bei der ein Polizeibeamter und der Täter erschossen wurden. Nach diesen schrecklichen Ereignissen hat man sich gesagt: Die Polizei muss künftig mit Geiselnehmern in einen professionellen Kontakt treten und versuchen, eine gewaltfreie Lösung zu finden. Mit diesem Ziel wurden Mitarbeiter der Polizei in den einzelnen Landeskriminalämtern geschult. Diese Verhandlungsgruppen gibt es inzwischen in jedem Bundesland.

Aus dem Fernsehen kennen wir die sogenannten Profiler, welche mit ihren genialen Analysen über Täter und Tatort verblüffen. Erstellen Sie auch derartige Profile?

Ja, aber so nennen wir das nicht. Wir würden nie sagen, hier ist unser Profil des Täters: Er ist Mitte 40, trägt einen Anzug, doppelreihig geknöpft, das Haar ist rechts gescheitelt, und weil er ein Familienvater ist, fährt er ein viertüriges Auto. Da sind wir viel vorsichtiger. Wir legen uns nicht einmal gerne auf eine Alterspanne fest.

Wenn es zu Vernehmungen von Verdächtigen oder Zeugen kommt, sind Sie dabei?

Das kommt eher selten vor. Das ist die Aufgabe des Kriminalbeamten der zuständigen Dienststelle. Es gibt aber immer wieder Fälle, bei denen wir um Unterstützung gebeten werden, beispielsweise wenn Beschuldigte sich an nichts erinnern können. Da werde ich dann als Psychologin hinzugezogen, um zu prüfen, ob das stimmt oder ob es sich eher um einen vorgeschobenen Gedächtnisverlust handelt.

Sie haben in Ihrer Arbeit mit Geiselnahmen, Gewalttaten und Mord zu tun und tragen eine hohe Verantwortung. Wie gehen Sie mit der Belastung um?

Die Belastung tragen wir alle, die ganze Polizei, und nicht ich allein. Ich kann immer nur dafür sorgen, dass die Beratung verantwortungsvoll und nachvollziehbar ist und auf der Basis von wissenschaftlichen Erkenntnissen geschieht. Ich berate einen Einsatzleiter, dem wir alle gemeinsam zuarbeiten. Die Entscheidung, ob beispielsweise ein Zugriff durch das Mobile Einsatzkommando erfolgt, wenn wir meinen, dass die Geisel eines Bankräubers akut in Gefahr ist, die trifft der Einsatzleiter. Es kommt übrigens genauso vor, dass wir Entwarnung geben. Dass wir sagen: Wir halten die Ankündigung für einen Warnschuss und gehen nicht davon aus, dass der Täter diese Tat zu diesem Zeitpunkt in der angekündigten Form begehen wird.

Haben Sie in solchen Situationen schlaflose Nächte?

Ja, bei Geiselnahmen kann man sowieso nicht schlafen. Und bei Entführungen ist das auch so. Man geht zwar zum Schlafen nach Hause, aber grübelt dort doch weiter. Und wenn man dann wieder zur Arbeit kommt, und es ist kein neues Lebenszeichen da, das ist sehr aufreibend und belastend.

Aber dennoch bereuen Sie Ihre berufliche Entscheidung nicht?

Aber nein! Ich empfinde meine Arbeit als sehr abwechslungsreich, und ich mag diese unterschiedlichen Anforderungen und Herausforderungen. Ein anderer Grund, warum mir die Arbeit Spaß macht: Die Psychologie wächst mit ihren Forschungsergebnissen, und ich finde es spannend und immer wieder befriedigend zu prüfen: Was sind die neuesten Erkenntnisse, und was heißt das für unsere Arbeit hier? Und, was mir außerdem an der Arbeit gefällt, ist der Auftrag der Polizei, Menschenleben zu retten, zu schützen. Dieses Ziel zu unterstützen, das finde ich sehr befriedigend.

Claudia Brockmann arbeitet seit 24 Jahren bei der Polizei Hamburg. Sie war dort von 1994 bis 2005 Leiterin des psychologischen Dienstes und leitet seit 2005 die Dienststelle LKA 21 – »Kriminalpsychologische Einsatz- und Ermittlungsunterstützung«. Claudia Brockmann schreibt für das LKA Stellungnahmen zu aktuellen Themen wie dem »Täter-Opfer-Ausgleich« in Zusammenhang mit Beziehungsgewalt. Sie führt Seminare zur Schulung der LKA-Mitarbeiter zu verschiedenen kriminalpsychologischen Themen durch.

DER FORENSISCHE GUTACHTER

Das Bemühen, psychische »Verrücktheit« zu verstehen

Der Diplompsychologe Gerhard Bliersbach schreibt seit zehn Jahren regelmäßig Gutachten über Straftäter, die als psychisch krank gelten. Aufgrund seiner Arbeit entscheiden Richter, wie groß der Bewegungsspielraum eines Verurteilten sein darf oder ob er schon bereit für die Freiheit ist.

Herr Bliersbach, Sie erstellen sogenannte Prognosegutachten für den Maßregelvollzug. Was muss man sich darunter vorstellen?

Wir haben in Deutschland ein zweigliedriges Rechtssystem. Zum einen gibt es den Strafvollzug. Dort, im Gefängnis, landen die meisten Menschen, die für eine schwere Straftat verurteilt werden. Anders sieht es aus, wenn das Gericht zu dem Schluss kommt, dass jemand für eine Tat nicht voll verantwortlich ist. Juristen sprechen dann von nicht oder vermindert schuldfähig. Das ist der Fall, wenn jemand eine Straftat im Zustand einer schweren psychischen Erkrankung begeht. Diese Täter kommen nicht in den Strafvollzug, sondern werden zu einer psychiatrischen Behandlung im Maßregelvollzug verurteilt. Sie sitzen nicht im Gefängnis ein, sondern werden in spezialisierten, besonders gesicherten Abteilungen psychiatrischer Krankenhäuser untergebracht.

Sie verfassen diese Gutachten, in denen die Schuldfähigkeit eines Menschen geprüft wird?

Eher selten. Ich erstelle hauptsächlich Prognosegutachten, die im weiteren Verlauf der Behandlung dieser forensischen Patienten, wie sie auch genannt werden, erstellt werden müssen. Diese fallen immer wieder an, denn für jeden Einzelnen wird regelmäßig mithilfe von Gutachten geprüft, ob Therapie und Unterbringungsart noch richtig sind. Hier gibt es widerstreitende Anliegen und Interessen: Während die Öffentlichkeit vor gefährlichen Menschen geschützt werden will, möchte der Patient meist so schnell wie möglich frei und unkontrolliert leben. Der gesetzliche Auftrag an den Maßregelvollzug lautet »Besserung und Sicherung«, die psychiatrische Behandlung soll den Patienten auf ein Leben ohne erhebliche Straftaten vorbereiten.

Wie oft werden diese Prognosegutachten fällig?

Das ist in den verschiedenen Bundesländern unterschiedlich geregelt. In Nordrhein-Westfalen, wo ich arbeite, schreibt das Maßregelvollzugsgesetz vor, dass alle drei Jahre ein externer Gutachter oder eine externe Gutachterin überprüft, ob der forensische Patient entlassen werden kann. Der Auftrag beinhaltet auch die Überprüfung der Diagnose und der therapeutischen Strategien. Was den Bewegungsspielraum des Patienten angeht, so geht es um konkrete Fragen nach den Lockerungen, wie dies im Juristendeutsch genannt wird. Beispiele wären: Kann der Patient seine Station mit oder ohne Begleitung verlassen? Ist es möglich, dass er seine Eltern über das Wochenende besucht? Darf er einer Arbeit außerhalb der Klinik nachgehen, allein eine Wohnung beziehen?

Die meisten Menschen möchten mit verurteilten psychisch kranken Gewalttätern eher nichts zu tun haben. Was ist Ihre Motivation für diese Arbeit?

Zum einen hat es mich schon immer interessiert, zu erfahren, wie diese sogenannte psychische »Verrücktheit« entsteht. Zum anderen habe ich ein Interesse an dem besonderen Leiden dieser Leute, gegenüber denen besonders starke Vorurteile herrschen. Es stimmt, die Arbeit mit ihnen ist oft sehr anstrengend und manchmal auch stark beängstigend. Aber das meiste, was ich bis heute über die menschliche Psyche verstanden habe, haben mir diese Menschen beigebracht.

Was haben Sie denn von den Patienten gelernt?

Dass diese Menschen, auch wenn ihre Straftaten monströs wirken und erschrecken, ja buchstäblich auch Menschen sind. Solche, die enormes Leid erleben mussten und mit schrecklichen Biografien geschlagen sind. Nach meiner Kenntnis kommen diese Täter durchweg aus desolaten, dysfunktionalen Familien. In einem Ausmaß, das man sich als normaler Bürger gar nicht ausmalen kann. Das erfährt man nur, wenn man mit diesen Menschen arbeitet.

Können Sie uns ein Beispiel geben?

Ich möchte ungern über einen einzelnen Patienten sprechen, aber ich kann Ihnen die typischen familiären Gefüge beschreiben, in denen diese Patienten aufwuchsen: Sie haben Eltern, die ihrerseits geschädigt sind und ihre Traumatisierungen in einer Mischung aus Hilflosigkeit und Überforderung an die Kinder weitergeben; sie sind nicht in der Lage, ihren Kindern ein auch nur im Ansatz stabiles familiäres Umfeld bereitzustellen. Zu Hause geht es drunter und drüber, wechselnde, abrupte Partnerschaften verhindern eine elterliche Übereinkunft. Statt Geborgenheit und Berechenbarkeit herrschen Despotismus und starke Spannungen. Körperliche und seelische Übergriffe, emotionaler oder sexueller Missbrauch sind fast schon die Regel. Generationengrenzen existieren nicht, die Rollen sind vertauscht, sodass Kinder die Verantwortung für die Eltern übernehmen. Aus dieser Lage entsteht eine große Not, in der die Kinder in eine dissoziale Entwicklung wegdriften, gewalttätig werden, in der Schule und in Ausbildungen scheitern, vereinzeln, in Submilieus Anschluss suchen und schließlich mit ihren Straftaten auf eine verzweifelte Weise über sich sprechen. Ich lernte zu sehen, dass der einzelne forensische Patient – ob es nun ein Vergewaltiger oder eine Kindermörderin ist – nicht dem entmenschlichten Monster entspricht, als dass er oder sie in der Öffentlichkeit oft dargestellt wird.

Ist das auch ein Motiv für Ihre Gutachtenarbeit, diese Straftäter wieder in die Gemeinschaft der Menschen zurückzuholen?

Wenn Sie es so ausdrücken wollen, ja. Da sehe ich mich als Gutachter wie ein Therapeut, der sich um die Lebensgeschichte des Patienten und um einen verständnisvollen Zugang bemüht. Neben meinem Interesse an diesen Menschen will ich Ihnen aber auch nicht verschweigen, dass das Gutachtenschreiben gut bezahlt wird. Pro Stunde können wir 85 Euro abrechnen. Das gilt für alle Tätigkeiten, die anfallen, vom Studieren der Akten über Fahrtzeiten und Patientengespräche bis zum Abfassen des Gutachtentextes. Im Schnitt brauche ich für so ein Gutachten zwischen 40 und 60 Stunden.

Können Sie die Taten dieser Menschen nach 60 Stunden Beschäftigung mit ihnen denn verstehen?

Verstehen ist natürlich relativ. Ich versuche mich so weit anzunähern, dass ich eine Hypothese entwickle, wie es zu dem kriminellen Verhalten gekommen ist. Eine der Mindestanforderungen, so heißt es in einem juristischen Fachartikel über forensische Gutachten, sei, für jeden Patienten eine eigene Theorie zu entwickeln. Also eine spezifische Hypothese, um die individuelle Entwicklung dieses Menschen nachzuzeichnen. Das heißt für die Gutachtenarbeit: Mit einer Diagnose allein wie »paranoide Schizophrenie« oder »dissoziale Persönlichkeitsstörung« ist es nicht getan. Ich verstehe eine Straftat immer als eine ganz eigene, sprachlose Form des Sprechens. Zu ihr kommt es, wenn die eigene Erkrankung so riesig ist, dass sie nicht anders artikuliert werden kann als in diesen kriminellen Handlungen. Anhand dieser Faktoren herauszuarbeiten, wie die Erkrankung des forensischen Patienten entstand, ist die Aufgabe des Gutachters. Er sollte in seiner schriftlichen Beurteilung den Kontext darstellen: wie eine bestimmte familiäre Umwelt, eine bestimmte Sozialisation zu einer bestimmten psychischen Entwicklung führte, zu der dann bestimmte Straftaten gehören.

Treffen Sie alle Straftäter, die Sie begutachten, persönlich?

Ja, im Schnitt spreche ich mit diesen Patienten zehn bis zwölf Stunden. In Ausnahmefällen, wie im letzten Jahr bei einem Menschen mit einer schweren pädosexuellen Erkrankung, kommen auch schon einmal gut 20 Stunden zustande.

Was stellen Sie in diesen Gesprächen fest, worauf achten Sie?

Diese Gespräche sind – anders als die Testverfahren, die ich auch anwende – eine sehr persönliche Begegnung. Das Problem im Kontakt mit schwer gestörten Patienten besteht darin, dass sie ihre Gefühle nicht mentalisieren können. Nehmen Sie ein Gefühl wie den Hass, den viele Patienten in sich tragen. Er ist nicht versprachlicht, nicht symbolisiert, sondern der Hass sitzt irgendwo in einem Grundgefühl oder in Verspannungen. Bei der Begegnung arbeite ich daher vor allem mit der Einfühlung in den Patienten und seine Erlebenswelt und mit der Auswertung der Gefühle, die ich in der Begegnung empfinde. Diese Methode wird in der psychoanalytischen Theorie als Arbeit mit der Gegenübertragung bezeichnet. Bei dieser Gegenübertragung handelt es sich um ein Phänomen, das wir alle kennen: Wenn wir in Kontakt mit anderen treten, löst das bei uns Gefühle aus. Doch, woher kommen sie? Wer über viel Selbsterfahrung verfügt oder – am besten – dafür therapeutisch ausgebildet ist, kann entscheiden: Bin ich es, der diese Gefühle produziert, oder sind sie im anderen, und ich nehme sie lediglich wahr? Wer geschult ist, kann auf diese Weise viel über die Gefühle eines Gegenübers erfahren, auch ohne dass der andere sie in Worten fassen kann oder will. Das ist allerdings eine schwere psychische Arbeit, die man in diesen Begegnungen leistet. Sich diesen starken negativen Gefühlen auszusetzen, ist äußerst strapaziös.

Der nächste Schritt nach so einer persönlichen Begegnung besteht darin, dass ich eine Idee entwickle, in welcher Sozialisation diese Gefühle, beispielsweise der Hass, entstanden sind und inwiefern sie für die Geschichte der Straftaten eine Rolle spielen. Ich bin dann in der Lage, für das Gutachten eine nachvollziehbare Erzählung über diesen Menschen zu schreiben. Sie beinhaltet den Verlauf der Lebens- und Entwicklungsgeschichte – von der Kindheit über die Straftat und den Prozess der Behandlung bis zur gegenwärtigen Verfassung dieses Patienten. Zusammen mit den Ergebnissen der anderen Methoden, die ich für das Gutachtenschreiben anwende, lässt sich dann daraus eine Prognose für diesen Patienten ableiten.

Welche weiteren Methoden helfen Ihnen beim Gutachtenschreiben?

Ich führe unter anderem den TAT durch, den »thematischen Apperzeptionstest«, der sich als Persönlichkeitstest oder zur Erfassung von Motiven eignet. Sie müssen sich das so vorstellen: Die Patienten bekommen nacheinander verschiedene Bildtafeln vorgelegt, die Menschen in alltäglichen Situationen zeigen. Beispielsweise sieht man darauf einen Jungen, der vor seiner Geige sitzt und grübelt oder tagträumt. Ein anderes Bild zeigt zwei Frauen in einer Landschaft; im Hintergrund pflügt ein Bauer sein Feld. Der Patient wird nun gebeten, eine dramatische Geschichte, so die Anweisung des Tests, rund um das Bild zu erzählen: Was ist vorher passiert, was geschieht gerade, wie werden die Personen sich als Nächstes verhalten? Dahinter steckt die Idee, dass eine Erfindung etwas über ihren Erfinder aussagt. Ich finde diesen Test in mehrfacher Hinsicht sehr aufschlussreich. Denn um eine Geschichte erfinden zu können, muss man sich in andere Leute hineindenken können. Und hier zeigt sich: Die forensischen Patienten sind meistens gar nicht in der Lage, sich einzufühlen. Oft wird auch deutlich: Sie haben gar keine zwischenmenschlichen Erfahrungen, wie wir sie kennen. Sie wissen nicht, worum es in Beziehungen geht. Die Geschichten geben außerdem Aufschluss darüber, welche Lebensthemen einen Menschen beschäftigen, welche Lebenstechniken und Problemlösestrategien ihm zur Verfügung stehen.

Mir scheint, Sie müssen für ein einzelnes Gutachten eine Menge Stoff zusammentragen und auswerten?

Ja, das stimmt. Jedes meiner Gutachten ist etwa 100 Seiten lang. Ich empfinde diese Arbeit immer wie ein einzelnes kleines Forschungsprojekt.

Und die Prognose im Gutachten lautet dann etwa: Der Patient kann jetzt entlassen werden?

Nein, so ein einfacher Satz würde nie in einem Gutachten stehen. Es gibt auch keine schnellen Entlassungen, das ist immer ein langwieriger Prozess. Wenn der Gutachter der Meinung ist, der Patient ist auf einem guten Weg, dann wird er versuchen, einen Lebensrahmen für diesen Menschen zu entwerfen, der an ganz bestimmte, genau formulierte Bedingungen geknüpft ist. Jeder Schritt wird dabei mit den therapeutischen Mitarbeitern der Klinik sorgfältig erprobt: Der Patient wird beispielsweise zunächst zum Sport begleitet, der in einem anderen Gebäude innerhalb des Geländes stattfindet. Wenn er das gut bewältigt, lässt man ihn diesen Weg nach einiger Zeit allein gehen. Sein Bewegungsradius wird allmählich erweitert, bis er dann auch einmal die Abteilung allein verlassen kann. Von der 24-stündigen stationären Behandlung bis zum Erproben eigener Lebensschritte außerhalb der Klinik ist es ein weiter Weg. Das therapeutische Team überlegt jeweils sehr genau, welche weiteren Schritte es dem Patienten zutraut.

Gerade was Kindermörder oder Pädophile angeht, kommt aus den Medien und der Bevölkerung ein großer Druck, diese Menschen möglichst ein Leben lang wegzusperren. Können Sie immer gut schlafen, wenn Sie in Ihren Gutachten Lockerungen empfehlen?

Nein. Während der Arbeit an einem Gutachten wache ich öfter nachts auf und bin beunruhigt, ob ich die Psychopathologie eines Patienten ausreichend verstanden habe, um eine vernünftige Prognose über seine Entwicklung abgeben zu können. Ich kann sagen, dass mich ein Patient zwei bis drei Monate lang, bis der Gutachtentext fertig ist, innerlich beschäftigt.

Gerhard Bliersbach ist Diplompsychologe und Psychologischer Psychotherapeut. Neben verkehrspsychologischen Forschungen, die er in den 1970er Jahren betrieb, war Gerhard Bliersbach von 1980 bis 2010 in der LVR-Klinik Düren als Psychotherapeut tätig. Dort leitete er sieben Jahre eine Station, auf der 16 psychisch kranke Straftäter im Maßregelvollzug untergebracht waren und behandelt wurden.

DER KLINISCHE PSYCHOLOGE

Wenn Angst nicht von selbst verschwindet

In psychosomatischen Kliniken werden Patienten mit Essstörungen, Zwängen, Depressionen oder Persönlichkeitsstörungen behandelt. Die Schön-Klinik in Bad Bramstedt bietet darüber hinaus auch Erwachsenen mit ADHS Hilfe an. Der Psychologe Roy Murphy hat die dafür zuständige Station aufgebaut und leitet sie.

Die Klinik sieht riesig aus. Wie viele Betten gibt es hier und wie lange bleiben die Patienten?

Wir haben über 400 Betten auf 16 Stationen, die nach den verschiedenen Behandlungsschwerpunkten aufgeteilt sind. Die Patienten kommen mit einer Krankenhauseinweisung von ihrem Hausarzt oder Psychiater und bleiben in der Regel sechs bis zwölf Wochen. Die Dauer ist stark vom Störungsbild abhängig, es kommt auf den Verlauf der Therapie an, außerdem spielt eine Rolle, ob weitere Störungsbilder, sogenannte Komorbiditäten bestehen. Wenn jemand beispielsweise mit der Diagnose Depression zu uns kommt und wir entdecken im Zuge unserer diagnostischen Arbeit, dass zusätzlich noch eine Angststörung besteht, liegt eine realistische Aufenthaltsdauer eher bei acht Wochen. Bei Patienten mit einer Borderline-Persönlichkeitsstörung dauert die Behandlung sogar meist zwölf Wochen.

Ist eine psychotherapeutische Zusatzausbildung Voraussetzung für die Arbeit als Psychologe in der Klinik?

Ja, denn das Diplom im Fach Psychologie allein ist für einen klinischen Beruf wenig wert. Um Menschen zu behandeln, braucht man eine Psychotherapeutenausbildung, die über mehrere Jahre geht und eine Menge Geld kostet. Da ist es oft einfacher, die Ausbildung im Rahmen einer Anstellung an einer Klinik zu absolvieren. Das habe ich auch so gemacht. Diese Klinik verfügt über ein eigenes

Institut, in dem Psychologen als Psychotherapeuten ausgebildet werden und Ärzte einen Teil ihrer Facharztausbildung absolvieren.

Wie sieht Ihr typischer Arbeitsalltag aus?

Arbeitsbeginn ist um halb neun, es beginnt mit der Morgenvisite. Die sieht ein bisschen anders aus, als man das vom Krankenhaus her kennt. Hier trägt niemand einen weißen Kittel, und wir gehen auch nicht zu den Patienten aufs Zimmer. Die 30 Patienten und das Team aus den drei Stationspsychologen, zwei Ärzten und einer Kotherapeutin versammeln sich im großen Gruppenraum. Dort besprechen wir, was für den kommenden Tag wichtig ist, begrüßen neue Patienten, verabschieden andere, deren Aufenthalt endet. Gleich anschließend, um 10.30 Uhr geht es in die Gruppentherapie, die ich mit einer weiteren Therapeutin leite, die auch Psychologin oder Ärztin ist. Diese Gruppen stellen einen Schwerpunkt unseres Behandlungskonzeptes dar. In diesem Rahmen berichten Einzelne über aktuelle Schwierigkeiten oder andauernde Probleme, für die wir gemeinsam Lösungsansätze suchen.

Neben diesen »offenen Gruppen« gibt es auch »thematische Gruppen«. Hier richten sich die Inhalte nach dem vorgegebenen Behandlungskonzept. Typische Themen sind: der Umgang mit Gefühlen, Übungen zur Achtsamkeit oder auch zu realistischen Zielsetzungen im Leben, die Zukunftsplanung im Speziellen. Spezifische Inhalte für Patienten mit dem Aufmerksamkeitsdefizitsyndrom sind unter anderem: innere Anspannung, was sie bei Einzelnen bewirkt, wie man mit ihr umgehen und sie ein Stück weit abbauen kann. Ein weiterer wichtiger Ansatzpunkt ist das Selbstwertgefühl, das bei unseren Patienten oft sehr gering ausgeprägt ist und das wir zu stärken versuchen.

Welche Methoden wenden Sie in den Gruppen an?

Wir orientieren uns an der kognitiv-verhaltenstherapeutischen Schule. Das bedeutet: Wir arbeiten fast immer mit dem Verhalten und Erleben im Hier und Jetzt und blicken nur selten in die ersten Lebensjahre des Patienten zurück. Und wir arbeiten lösungsorientiert. Das Ziel der Behandlung ist eine Änderung im Verhalten und im Denken. Also beispielsweise, dass ein Patient es schafft, trotz Bewegungsdrangs auf dem Stuhl sitzen zu bleiben und den anderen weiter aufmerksam zuzuhören. Die Gruppe wirkt dabei wie ein soziales Erfahrungsfeld. Was die Patienten hier im Umgang mit anderen Menschen erleben, ähnelt dem, was sie auch sonst im Alltag erfahren: Wer etwa im »echten« Leben soziale Situationen meidet, wird sich in der Gruppe ebenfalls möglichst verkriechen; wer sich »draußen« schlecht konzentrieren kann, wird sich hier ähnlich unruhig verhalten. Was in der Gruppe geschieht: Wir bieten dem Patienten geschützte Bedingungen und einen Rahmen, das eigene Denken, Fühlen und Verhalten zunächst einmal deutlicher zu erkennen.

Häufig arbeiten wir in den Gruppen auch gemeinsam die aufrechterhaltenden Bedingungen einer Störung heraus. Bei einem Patienten mit einer Panikstörung fragen wir uns zum Beispiel: Warum wird so eine Angst nicht von selbst weniger? Vielleicht sogar schlimmer? Ein klassisches Beispiel wäre, dass es an Vermeidung liegt. Weil der Patient immer mehr Aktivitäten und Situationen scheut, die seiner Meinung nach eine Panikattacke auslösen könnten, traut er sich bald gar nicht mehr aus dem Haus. Das Problemverhalten, der Rückzug lindert kurzfristig die Angst – das setzt aber einen Teufelskreis in Gang: Denn je öfter er zu Hause bleibt, desto größer wird die Furcht davor, das Haus zu verlassen. Dieser Kreislauf kommt sehr häufig vor: Die meisten psychischen Störungen werden durch Formen der Vermeidung aufrechterhalten: Das ist bei der Kontaktvermeidung des Depressionspatienten der Fall und genauso bei der Emotionsvermeidung von sehr kontrollierten, zwanghaften Patienten.

Und wie behandeln Sie Patienten mit so einem Vermeidungsverhalten?

Der Patient muss sich mit seiner Angst konfrontieren – und lernen, dass nichts Schlimmes passiert, wenn er seine Vermeidungsstrategie aufgibt. Die meisten Übungen dazu führen wir im Rahmen der Einzeltherapie durch: Mit einem Patienten, der nicht in die Bahn steigen mag, fahre ich zusammen im Zug nach Hamburg, mit einem anderen, der Höhenangst hat, steige ich auf den Hamburger Michel, mit einem dritten, der unter Tunnelphobie leidet, gehe ich in den alten Elbtunnel – das sind unsere beliebten Touren. Diese sogenannte graduierte Exposition in vivo ist eine klassische Form der verhaltenstherapeutischen Angstbehandlung, die den Patienten nachweislich hilft. Das Ziel besteht in der Habituation, also der Gewöhnung. Der Patient soll die bislang gemiedenen Situationen irgendwann, ganz ohne Unwohlsein zu empfinden, erleben können. Dabei ist die Selbständigkeit des Betroffenen ganz wichtig. Ich muss den Patienten gar nicht bei jeder Tour begleiten. Wenn er oder sie sich das allein zutraut – umso besser.

Die Klienten kommen mit einer bestimmten Diagnose in die Klinik. Überprüfen Sie diese?

Ja, das tun wir immer. Sie glauben gar nicht, wie viele Menschen mit unpassenden Diagnosen zu uns in die Klinik kommen. Es gehört zu unserem Auftrag, den Patienten richtig einzuschätzen, denn die Diagnose stellt ja die Grundlage der Behandlung dar.

Wie stellen Sie fest, ob ein Patient tatsächlich an einer Aufmerksamkeitsdefizitstörung leidet? ADHS ist ja eher als Problem von Kindern und Jugendlichen bekannt.

Für die ADHS-Diagnose setzen wir ein Interview und zwei Fragebögen ein, allerdings darf man diese Verfahren nicht überbewerten, sie geben nur die grobe Richtung vor. Ergänzend führe ich immer Einzelgespräche, denn unter anderem muss ich klären, ob diese Form von Beeinträchtigung schon das ganze Leben über existiert. ADHS ist keine Störung, die im Erwachsenenalter beginnt, wer erst ab dem 20. Lebensjahr unter ähnlichen Symptomen leidet, hat mit Sicherheit kein ADHS, sondern eine andere Krankheit. Genau das zu prüfen macht die Diagnostik hier so aufwendig: Ich lasse mir die Grundschulzeugnisse des Patienten zeigen, die Entwicklungsberichte der Lehrer, oft telefoniere ich zusätzlich mit den Eltern oder ziehe weitere Informationsquellen hinzu.

Die vielen Informationen, die Sie sammeln, fließen nicht nur in die therapeutische Arbeit mit ein, Sie müssen auch alles dokumentieren.

Richtig. Das ist ein anderer wichtiger Teil meiner Arbeit, der viel Raum einnimmt. Für meine Bezugspatienten muss ich alles, was wir an Behandlungen durchführen, in Form von Berichten festhalten. Zu dieser Arbeit gehören vor allem zwei wichtige Dokumente. Zum einen die Krankengeschichte, die hier fortgeschrieben wird: Sie beginnt beim sozialen Status, geht über aktuelle Beschwerden und den psychischen Befund bis hin zu medizinischen Beeinträchtigungen. Zum zweiten verfasse ich die psychologische Seite des Arztbriefes, der zur Entlassung fertiggestellt sein muss: Denn sowohl der Patient als auch der Kollege, der diesen Patienten dann übernimmt, also beispielsweise der niedergelassene Psychotherapeut, hat ja ein Interesse zu erfahren, was hier in der Klinik genau gelaufen ist. Der Arztbrief beinhaltet eine detaillierte Übersicht über den Behandlungsverlauf und alle gestellten Diagnosen, und er enthält unsere Empfehlung für die weitere Behandlung.

Sie sind als Klinikpsychotherapeut ja kein Einzelkämpfer, sondern arbeiten im Team.

Ja, und da muss für den Informationsfluss gesorgt sein. Es ist ganz wichtig, dass wir uns täglich austauschen, denn bei 30 Patienten fällt eine Menge an: Wir müssen sowohl das Medizinische im Blick behalten – also die körperlichen Erkrankungen, die unsere Patienten ja auch oft haben, ihre medikamentöse Einstellung und mögliche Nebenwirkungen – als auch die psychische Verfassung. In unseren Teamsitzungen wird jeder Patient regelmäßig ausführlich besprochen: Wie er oder sie in der Psychotherapie vorankommt, was gut läuft, wo es vielleicht Stolpersteine gibt oder Schwierigkeiten in der Interaktion. Anschließend an die Teamsitzung werden dann die diensthabenden Kollegen, die nach 17 Uhr für das Haus zuständig sind, von einem Vertreter pro Station kurz im Rahmen einer Übergabe informiert: Gibt es von den Patienten auf dieser Station etwas zu erwarten für die kommende Nacht?

Was könnte das sein, eine Suizidgefährdung?

Genau. Es gibt vor allem zwei Patientengruppen, die im Spätdienst zu beobachten sind. Das sind zum einen die suizidalen Patienten, zum anderen Patienten, die sich selbst verletzen. Für mich bedeutet das: Ich bin als Psychologe im Spätdienst, zu dem ich etwa einmal im Monat eingeteilt werde, für über 400 Patienten zuständig. Im Schnitt habe ich im Spätdienst zwischen 10 und 20 Kontakte zu Patienten, bis ich dann in der Regel kurz vor Mitternacht nach Hause gehe.

Abgesehen von den beruflichen Qualifikationen, die Sie für Ihre Arbeit hier mitbringen: Was würden Sie sagen, gibt es bestimmte Eigenschaften, die für Ihre Arbeit wichtig sind?

Auf jeden Fall ist Neugierde wichtig, das Interesse an ganz unterschiedlichen Menschen und ihren Lebensgeschichten. Außerdem ein gutes Empathievermögen und die Fähigkeit, sich vom eigenen Schubladendenken zu verabschieden. Denn in der psychotherapeutischen Arbeit geht es nicht um meine persönlichen Wertvorstellungen und Maßstäbe, sondern immer um die des Patienten. Und, was ich auch wichtig finde in unserer Arbeit: auf sich selbst zu achten und eigene Grenzen zu erkennen. Diese Fähigkeit halte ich für ganz wichtig, denn der Beruf birgt ein großes Burnoutrisiko. Aus folgendem Grund: Wir sind als Therapeuten den ganzen Tag für andere Menschen da. Die Gefahr ist daher groß, sich selbst mit seinen Bedürfnissen und Grenzen ein bisschen aus dem Blick zu verlieren.

Dr. Roy Murphy ist approbierter Psychotherapeut mit Zusatzausbildung in Verhaltenstherapie. Seit 2012 ist Roy Murphy als leitender Psychologe und Qualitätsbeauftragter in der Schön-Klinik in Bad Bramstedt tätig.

DIE MEDIEN-PSYCHOLOGIN

Die Kunst, ein gutes Drehbuch zu schreiben

Ursula Reichwald kennt sich nicht nur mit der Seele des Menschen aus, sie weiß auch, wie Spannungsbögen und dramaturgische Elemente die visuellen Geschichten zusammenhalten: Die Diplompsychologin berät Drehbuchautoren, Regisseure und Schauspieler bei der Umsetzung von Filmstoffen.

Frau Reichwald, wie nennen Sie Ihre Arbeit, bei der Sie Ihre psychologischen Fachkenntnisse in die Gestaltung von Filmen einbringen?

Ich beschreibe sie am liebsten mit dem Oberbegriff Medienberatung. Das stimmt aber auch nicht ganz. Was ich in diesem Rahmen mache, geht darüber noch hinaus. Neben der Drehbuch- und Regieberatung gehört auch das Coaching von Darstellern zu meinen Tätigkeiten.

Wie lange machen Sie diese Medienberatung schon?

Alles begann vor etwa zehn Jahren mit meiner Meckerei an der Fernsehserie *Die Cleveren*, die damals auf RTL im Vorabendprogramm lief. Mal abgesehen davon, dass ich sowieso Serienfan bin, hat mich das interessiert, weil die Hauptfigur ein Kriminalpsychologe war. Da wollte ich wissen, wie dieser Profiler sich verhält, mit welchem fachlichen Wissen er an die Fälle herangeht, auf welche Weise er die Täter zu fassen versucht. Was diese Figur in die Filme einbrachte, war dann tatsächlich viel Allgemeinwissen und Bauchgefühl, wissenschaftliche Erkenntnisse aus der psychologischen Forschung spielten weniger eine Rolle. So bin ich darauf gekommen, mich einzumischen, und habe in Kontakten mit verschiedenen Verantwortlichen meine Meinung und Vorschläge unterbreitet: dass die Figur des Kriminalpsychologen über wenig Faktenwissen verfügt, wie man sie fachlich unterfüttern könnte und auf diese Weise nicht nur eine interessantere Hauptfigur bekommt, sondern auch eine größere Vielfalt in die Fallanalysen bringen könnte. Also letztlich, wie man die Handlung der Geschichten bereichert, die Serie verbessert.

Sie haben diese Kritik an die Serienmacher geschickt und Ihre Dienste als Beraterin angeboten?

Genau. Mit diesem Tenor habe ich Kontakt aufgenommen, unter anderem mit dem Hauptdarsteller Hans-Werner Meyer. Und ich hatte Glück, dass mit meiner Kritik sehr konstruktiv umgegangen wurde – ich bin dann gleich eingestiegen in die drei Arbeitsfelder Regie, Drehbuch, Schauspiel. Bei der letzten Staffel der Serie, die 2003 produziert wurde, war ich an sieben von acht Drehbüchern beteiligt. Meiner Meinung nach waren *Die Cleveren* etwas vom Besten, was im Bereich Krimiserien produziert wurde. Die Serie wurde auch mit mehreren Preisen ausgezeichnet. Trotzdem war nach insgesamt zwei oder drei Jahren Schluss.

Wie ging es bei Ihnen dann weiter?

Ich habe auf einem Kongress der Deutschen Gesellschaft für Psychologie in Berlin eine Veranstaltung angeboten mit ersten Ergebnissen meiner eigenen Forschungen. Es handelte sich um einen Workshop zum Thema »Psychologie und Psychologen in den visuellen Medien«. Durch meine Recherchen zum Thema wusste ich, dass der amerikanische Psychologieprofessor Philip Zimbardo sich ebenfalls für Medienberatung interessiert. Er hatte zu diesem Zeitpunkt schon jahrzehntelang Filmproduktionen in den USA beratend begleitet – von Soaps über Spielfilme bis zu Dokumentarfilmen. Als ich erfuhr, dass Zimbardo am Kongress teilnehmen würde, lud ich ihn schriftlich zu meinem Workshop ein. Ich hatte Glück, er nahm tatsächlich teil, war von meiner Arbeit sehr angetan und berät mich bis heute in Fachfragen bei meiner Medienarbeit.

Welche Ausbildung braucht man für die Arbeit als psychologische Medienberaterin?

Im strengeren Sinne gibt es da keine Ausbildung. Man muss das Geschichtenerzählen über Menschen als »umgekehrte« Psychologie betrachten: Ausgangspunkt ist hier nicht, Menschen zu untersuchen und ihr Verhalten zu erklären, sondern – ausgehend vom realen Leben – Geschichten und Figuren zu erfinden, die psychologisch stimmig sind. Zu den Voraussetzungen gehört sicherlich ein Studium der Psychologie mit guten Kenntnissen aller Grundlagen und Anwendungsbereiche. Je weniger Inhalte man im Studium ausblendet, desto mehr Ideen stehen einem zur Verfügung für die Bereicherung von Filmstoffen. Nur ein paar Beispiele: Theorien zum Gruppenverhalten, Regeln, nach denen Paare interagieren, der ganze Stoff aus dem Grundstudium, besonders der Sozialpsychologie, sind für die Medienberatung besonders wichtig. Dabei ist es hilfreich, sich darüber hinaus mit psychischen Störungen und Krankheiten wie beispielsweise Ängsten, Depressionen oder posttraumatischen Belastungen auszukennen. Aber hauptsächlich geht es darum, herzuleiten, wie Menschen miteinander in Beziehung treten und sich entwickeln. Darum, wie sie sich verhalten, wie sie miteinander sprechen, wie sie denken und empfinden und auf welche Art sie ihre Gefühle ausdrücken.

Brauchen Sie auch Kenntnisse darüber, wie man Drehbücher schreibt, einen Filmstoff entwickelt?

Ja, für meine Arbeit sind die Grundlagen der Drehbuchdramaturgie besonders wichtig. Dazu gehört die Kenntnis der einschlägigen Literatur, beispielsweise zu wissen, wie der klassische Aufbau einer »Heldengeschichte« verläuft. Oder zu wissen, was einen guten Stoff überhaupt ausmacht, wie man einen roten Faden spinnt, wie Spannungsbögen verlaufen und so weiter. Ich habe mir dieses Know-how in Selbstausbildung angeeignet, mithilfe von Fachbüchern und Besuchen von Workshops bei den entsprechenden Experten. Das ist übrigens keine Seltenheit in den Medienberufen, wie man am Werdegang vieler Drehbuchautoren sieht: Oft sind es Akademiker, die vielleicht Soziologie, Erdkunde oder Sprachen studiert haben, die dann die entsprechende Literatur durcharbeiten, Seminare belegen und einsteigen.

Mit welchen Methoden arbeiten Sie bei Ihrer Medienberatung?

Das kommt auf die konkrete Aufgabe an. Was ich hauptsächlich mache, ist Drehbuchberatung. Dafür nutze ich *close reading*, eine Methode, die ursprünglich aus der Literaturwissenschaft kommt. Dabei geht es um das sorgfältige Interpretieren und Kommentieren des gesamten Textes, was konkret bedeutet, dass ich das ganze Skript Satz für Satz durchgehe, manchmal Wort für Wort, und es auf Stimmigkeit überprüfe. Wenn immer möglich, lese ich das Buch nicht en bloc, sondern in kleinen Abschnitten. Dabei nehme ich die Haltung eines Lesers ein, der noch gar nichts über den Stoff weiß. Ich stelle mich ganz dumm und prüfe völlig unbedarft, was mir jeder einzelne Satz sagt, wie er auf mich wirkt.

Oft lesen beim *close reading* mehrere Personen, drei oder vier, denselben Text. Das ist sinnvoll, weil die Kommentierungen so weniger vom persönlichen Background oder dem individuellen Geschmack eines Einzelnen abhängen. Anschließend diskutieren wir unsere Eindrücke, tragen die Ergebnisse zusammen und geben sie als Kommentierungen rechts neben dem Drehbuchentwurf in das Textprogramm ein. Unsere Anmerkungen fallen dabei in der Regel viel länger aus als der Originaltext – manchmal viermal so lang. Sie stellen unsere Empfehlung an den Autor dar, den Text zu überarbeiten, und beinhalten oft schon konkrete Anregungen.

Ist Dialogverbesserung ein wesentlicher Teil Ihrer Arbeit?

Ja, unbedingt. Ich frage mich im Zuge des *close readings* beispielsweise, ob die verwendeten Begriffe, Ausdrücke, Idiome zum Sprechenden passen, ob der Jargon mit dem Background der Figur übereinstimmt, ob die Figur dieses Wort in diesem Kontext wirklich verwenden würde. Für diese Dialogarbeit wurden eigene Methoden entwickelt, wie sich Gefühle und Einstellungen einer Person auf ihre Sprache übertragen lassen. Dabei geht man wieder von den Wissensbeständen der Psychologie aus: Das können Fallgeschichten von Klienten aus einem Coaching oder einer Psychotherapie sein, Forschungsergebnisse oder Antworten aus Fragebögen zu bestimmten Persönlichkeitsmerkmalen. Aus diesen Quellen trägt man Kenntnisse zusammen, wie sich jemand mit bestimmten Eigenschaften in dieser spezifischen Situation ausdrücken und verhalten könnte. Nehmen Sie beispielsweise einen Menschen mit Flugangst, der seine Furcht vor anderen verbergen möchte. Sollten seine Freunde ihm einen gemeinsamen Urlaub vorschlagen, könnte er beispielsweise so reagieren: »Mallorca? Da habe ich gar kein Interesse, da will ich überhaupt nicht hin!« So könnte er seine Flugangst beispielsweise kaschieren. Ich erarbeite solche und andere mögliche Reaktionen für die Drehbuchfiguren und kann dem Autor oder Regisseur dann eine ganze Palette an konkreten Dialogen vorschlagen, die sich in das Drehbuch einfügen lassen – ohne dass sie den Verlauf der Geschichte verändern oder das Bild-Text-Verhältnis stören.

Was prüfen Sie bei einem Drehbuch noch?

Ich schaue beispielsweise, ob die Eigenschaften einer Figur stimmig sind, ob sie in Einklang stehen mit ihrem Verhalten: Was wird über die Figur ausgesagt, welche Eigenschaften werden ihr zugeschrieben? Wird dieser angedeutete oder explizit benannte Charakter im

Laufe der Geschichte auch wirklich durchgehalten? Wenn etwa anfänglich gesagt wird, ein Mann sei »zwanghaft« und er dann aber gar nicht diese Verhaltensweisen zeigt – so schreibe ich das in die Kommentierung. Es wäre beispielsweise nicht stimmig, wenn die Wohnung eines so bezeichneten Menschen völlig chaotisch aussieht, er ständig in dreckiger Kleidung herumläuft und im Beruf nachlässig arbeitet, das würde nicht passen. Solche Ungereimtheiten melde ich dem Autor zurück. Ich gebe auch Hilfen bei der Einarbeitung von Charakterstrukturen in den Subtext, also wie man zwischen den Zeilen angedeutet, dass eine Figur beispielsweise eine zwanghafte, ängstliche oder unsichere Persönlichkeit ist.

Geben Sie dem Drehbuchautor noch weitere Hilfen an die Hand?

Je nach Bedarf bekommt er Hintergrundinformationen zu den Grundthemen seines Stoffes. Diese Expertisen können Auszüge aus psychologischen Forschungserkenntnissen sein, die für den Erzählstoff eine wichtige Rolle spielen – beispielsweise über die Umstände, unter denen Menschen in der Lage sind, einen Mord zu begehen, oder über die Interaktionsregeln, wie Paare miteinander sprechen und sich wechselseitig beeinflussen. Den Inhalt dieser psychologischen Fachliteratur übersetze ich dann in eine für Laien verständliche Sprache, damit Drehbuchautor, Regisseur und Schauspieler auch etwas damit anfangen können.

Nicht nur Drehbuchautoren gehören zu Ihren Kunden, auch Schauspieler lassen sich beraten.

Richtig. Auch Schauspieler möchten gerne genauer wissen, was in ihren Figuren vorgeht. Sie wollen sich nicht einfach vor die Kamera stellen und die Emotionen zeigen, die der Regisseur oder das Drehbuch vorgeben. Sie müssen bedenken, dass die Fernseh- und Filmschauspieler sich für die Rolle vor dem Dreh selbst trainieren. Das läuft nicht wie im Theater, wo die Darsteller jeden Tag acht Stunden mit ihrem Regisseur proben und am Schluss das Stück aufführen. Filmschauspieler sind mit der Vorbereitung ihrer Rolle weitgehend allein – oder eben abhängig vom Coaching, das am Set stattfindet.

Wenn Sie Darsteller coachen – worin besteht Ihre Tätigkeit hier?

Beim Schauspielercoaching hängt meine Arbeit vom Stoff und den Wünschen des Schauspielers ab, wobei er beraten werden möchte. Ich gebe Ihnen ein Beispiel: Für die Darstellung eines Mannes mit Katzenphobie habe ich den Schauspieler Hans-Werner Meyer gecoacht. Es handelte sich um die Verfilmung des Romans Mordshunger von Frank Schätzing. Meyer sollte darin die Hauptfigur spielen, Kommissar Cüpper, einen hartgesottenen Kriminalbeamten, der einen Mord aufzuklären hat, bei dem ihm seine Angststörung zuweilen in die Quere kommt. In diesem Film gibt es eine Szene, in der Cüpper im Zoo ermitteln muss – also an einem Ort, an dem sich besonders große und bedrohliche Katzen, Tiger und Löwen, befinden. Dem Darsteller Hans-Werner Meyer ging es vor allem darum, zu erfahren, welche Emotionen seine Figur des Cüpper in dieser Szene erlebt und welches Verhalten sie in dieser psychischen Verfasstheit zeigt.

Und wie finden Sie heraus, was für den Kommissar mit Katzenphobie ein stimmiges Verhalten wäre?

Es sind ganz unterschiedliche Weisen denkbar, mit einer Phobie umzugehen. Beispielsweise gibt es Typen, die würden die Szene im Laufschritt verlassen, wenn sie mit so einem Tier, das ihnen Angst macht, konfrontiert werden. Andere wären enorm bemüht, ihre übertriebene Furcht zu verstecken. So einer ist Kommissar Cüpper, ein ganz harter Hund, nach außen hin jedenfalls, der um keinen Preis eine Schwäche eingestehen will. Dieser Cüpper wird also in beherrschter Todesangst an der Katze vorbeischleichen und unter allen Umständen versuchen, sich nichts anmerken zu lassen – obwohl sein Puls rast, ihm der kalte Schweiß ausbricht und seine Beine sich wie Pudding anfühlen. Für den Darsteller bedeutet das: Immer wenn Cüpper auf eine Katze trifft, muss er die Anspannung allein durch Körperstarre, die ganze Motorik, Mimik und den Blick ausdrücken.

Was ist für Sie eigentlich das Schönste an Ihrer Arbeit?

Dass ich in meinem Beruf mit vielen unterschiedlichen, klugen Menschen zusammenkomme. Die Medienleute sind weitgehend offene und arbeitsstarke Leute. Es herrscht, auch bei den Workshops, eine vertrauensvolle, kreative und anregende Atmosphäre. Alle sind mit Enthusiasmus dabei, es macht viel Spaß, mit diesen Menschen zu arbeiten, sie sind offen für Ideen, Inhalte und neue Umgangsformen mit dem Text.

Ursula Reichwald ist Diplompsychologin und Verhaltenstherapeutin. Sie arbeitete von 1996 bis 2009 als wissenschaftliche Mitarbeiterin am Psychologischen Institut der Eberhard-Karls-Universität Tübingen. Seit 2003 ist sie außerdem in eigener Praxis als Psychotherapeutin mit dem Schwerpunkt Traumabehandlung tätig. Vor fast zehn Jahren gründete Reichwald ihre eigene Firma für psychologische Medienberatung. Dort beschäftigt sie, je nach Auftragslage, ein bis fünf freie Mitarbeiterinnen.

DER MUSIK-PSYCHOLOGE

Die Persönlichkeit des Künstlers fördern

Musiker brauchen ein Verständnis für psychische Strukturen sowie für Kommunikations- und Gruppenprozesse. Davon ist Urban Elsässer überzeugt. Selbst Musiker und Diplompsychologe, unterrichtet er an der Popakademie Baden-Württemberg in Mannheim das Fach Persönlichkeitsentwicklung.

Was war Ihre Motivation, nach dem Musikstudium noch ein Psychologiestudium zu absolvieren?

Vor dem Psychologiestudium finanzierte ich meinen Lebensunterhalt unter anderem als Gitarrist in einer Band. Das funktionierte fast fünf Jahre perfekt. Dann gab es aber Streitereien, und wir lösten das Projekt auf. Damals brach von einem Tag auf den anderen der Lebensentwurf von mehreren Menschen zusammen. Und mir wurde klar: Was über Jahre so gut funktioniert hat, ist in hohem Maße an der missglückten Kommunikation aller Beteiligten gescheitert. Heute würde ich sagen: Wir hatten keinen Schimmer von psychischen Strukturen, Kommunikations- oder Gruppenprozessen. Und über diese Dinge, die zwischen Menschen stattfinden, auch die unbewussten Vorgänge, wollte ich mehr wissen. Neben der Neugier darauf, wie menschliches Verhalten zustande kommt, gab es noch einen Grund, der bei meiner Entscheidung, Psychologie zu studieren, eine Rolle spielte: Ich fand den Umgang der Lehrenden an der klassischen Musikhochschule, an der ich studiert hatte, ungünstig. Die meisten von uns vermissten von Dozentenseite her Einfühlung und Unterstützung und manchmal auch die Wertschätzung für unsere Anstrengungen. So reifte mein Entschluss, mich psychologisch fortzubilden und dann beides, Musik und Psychologie zu verbinden.

Sie sind Dozent an der Popakademie Baden-Württemberg in Mannheim. Wer studiert an dieser Hochschule? Wollen die Studierenden alle Popstar werden?

Manche schon, aber nicht alle. Im Masterstudiengang gibt es 20 bis 25 Studenten pro Semester, etwa zwei Drittel sind Männer. Alle jungen Leute hier sind kreative Typen, die ihre eigene Musik machen; manche kommen direkt nach dem Abitur an die Popakademie, andere spielen nach der Schule erst einmal eine Weile in Bands und sind schon etwas älter, bis Mitte 30 etwa. Sie kommen aus allen Musiksparten, Rap, Rock, Elektropop, Singer-Songwriter, was es so gibt. Was sie verbindet, ist der Wunsch, von und durch Musik zu leben. Im Masterstudiengang, in dessen Rahmen ich als Dozent arbeite, werden drei Schwerpunkte angeboten, die auf verschiedene Berufe vorbereiten: Producer, also angehende Musikproduzenten, Performer, die ihr Geld als Popmusiker verdienen wollen und Education Artists, die neben ihrer künstlerischen Profession auf eine pädagogische Arbeit im Popmusikbereich vorbereitet werden. Sie könnten also später in Schulen oder Musikhochschulen als Dozenten tätig sein. Was alle drei Schwerpunkte verbindet, ist: Es wird nicht nur Wert auf die technische Seite, also den Umgang mit dem Instrument, oder das Know-how als Produzent oder Pädagoge gelegt, sondern auch auf die Entwicklung der Persönlichkeit.

Welches Wissen vermitteln Sie in dem Studienfach »Künstlerpersönlichkeitsentwicklung«, wie gehen Sie vor?

Zu Beginn des Semesters habe ich für sämtliche Studenten aus allen drei Schwerpunkten zwei komplette Tage zur Verfügung. Die nutze ich, um ein paar Basisinhalte der Psychologie zu vermitteln. Hier sollen die jungen Leute erst einmal eine Idee bekommen, welche wichtigen Modelle es über die menschliche Psyche gibt. Mein Ziel ist auch, zu vermitteln, dass es sich dabei um Ideen oder um

Erklärungshilfen zu den innerseelischen Vorgängen handelt – und nicht etwa um Wahrheiten. Für erste Einblicke in ein psychologisches Verständnis stelle ich das Instanzenmodell von Sigmund Freud vor, weil viele schon von den Begriffen »Es«, »Ich« und »Über-Ich« gehört haben. Das ist ein schöner Einstieg, weil das Modell auf alltägliche Befindlichkeiten übertragen werden kann. Beispielsweise was bestimmte Glaubenssätze angeht: »Erst die Arbeit, dann das Vergnügen!« Oder: »Sicherheit geht vor.« Wenn wir das Instanzenmodell zugrunde legen, kommen diese aus dem »Über-Ich« und zählen zu den verinnerlichten Normen.

Im Laufe des Semesters arbeiten wir mit weiteren Begriffen aus dem psychoanalytischen Modell: Was sind psychosexuelle Entwicklungsphasen, was bedeutet aus Sicht der Psychoanalyse ein »Konflikt«, wie ist »Ambivalenz« zu verstehen, welche »Abwehrformen« gibt es? Dass Menschen beispielsweise »verdrängen«, wenn sie sich gegen peinliche oder unerträgliche Triebregungen, Gefühle oder Vorstellungen sträuben, ist den meisten bekannt. Was die anderen Abwehrformen angeht, sind viele aber eher ahnungslos.

Wie wenden die Studenten die Psychoanalyse im Alltag der Popmusik an?

Zunächst einmal sollen die Studierenden mit diesem Modell einen anderen Bezug zum menschlichen Handeln und ein Gespür für das Unbewusste bekommen. Man kann auch sagen: Ziel ist, eigenes Verhalten und das eines Gegenübers noch einmal anders einzuordnen und vielleicht auch wohlwollender betrachten zu können. Die Übertragung der Phänomene in den Alltag der Popmusikberufe beziehen wir von Anfang an mit ein: Wir besprechen diese psychologischen Modelle im Seminar anhand von konkreten Beispielen aus dem Musikeralltag. Nehmen wir die Abwehrformen, die ja ständige Begleiter des menschlichen Verhaltens sind: Ob es um Verleugnen, Ins-Gegenteil-Wenden oder Verschieben geht, wir alle – natürlich auch Musiker, Bandkollegen oder Produzenten – sind vor diesen unbewussten seelischen Vorgängen nicht gefeit.

Haben Sie ein konkretes Beispiel?

Ich gebe Ihnen ein Beispiel, wie ich das Phänomen der »Verschiebung« bespreche: Ein Musikproduzent hat zu Hause eine Auseinandersetzung mit seiner Freundin. Statt den Streit zu bearbeiten und beispielsweise in eine Diskussion mit der Partnerin zu gehen, kann es passieren, dass er diesen Stress konflikthaft verarbeitet und abwehrt. Was geschieht dann? Nehmen wir an, er kommt zur Arbeit ins Studio, wo eine Band, die er betreut, gerade dabei ist, den Gesang für eine Platte aufzunehmen. Dem Produzenten kommt in dieser Situation die sensible Aufgabe zu, eine entspannte Atmosphäre herzustellen und optimale Bedingungen zu schaffen, um das Potenzial aus dem Künstler herauszukitzeln. Der Produzent, der nach dem Streit mit seiner Frau ins Studio kommt, kriegt mit, dass der Sänger sich mehrmals verhaut bei den einzelnen Aufnahmeversuchen, die wir in der Musikersprache »Take« nennen. Statt ihn zu unterstützen, was seine Aufgabe wäre, zieht er die Augenbrauen hoch und sagt: »Das war der vierte Take!« Was ist geschehen, warum reagiert er bei dieser Kleinigkeit grantig und gar nicht professionell?

Der Produzent ist eigentlich wegen des Streits zu Hause genervt, aber der Musiker muss es ausbaden?

Genau. Seine Ungeduld, seine schlechte Laune oder wie immer man das nennen will, geht eigentlich auf seinen Ärger zu Hause zurück. Solche Verschiebungen von Aggressionen finden andauernd statt – natürlich kommen sie auch in der Arbeitswelt der Popmusik vor. An diesem Beispiel lässt sich dann gut weiterarbeiten, was die psychologischen Ebenen der Kommunikation angeht. Denn auf diesen Satz: »Das ist der vierte Take«, der ganz unterschiedlich gemeint sein kann, lässt sich auch unterschiedlich antworten. Letztlich geht es um etwas mehr Variation, die Erweiterung der Spiel- und Entscheidungsräume.

Mit welchen psychologischen Modellen arbeiten Sie noch?

Neben dem schon genannten psychoanalytischen Modell stelle ich im Seminar unter anderem auch das Grundkonzept der Transaktionsanalyse vor. Nach dieser Theorie von Eric Berne zur Persönlichkeitsstruktur werden bis zu fünf verschiedene Ich-Zustände unterschieden, aus denen heraus ein gesunder Mensch sprechen kann. Nehmen wir folgendes Beispiel: Einer aus der Band oder der Produzent sagt Ihnen als Bassistin: »Das groovt nicht.« Die Frage ist, wie man als Musiker mit so einer Aussage umgeht. Wir schauen uns das Modell der Transaktionsanalyse an und die fünf verschiedenen Zustände, aus denen heraus ein Mensch interagiert und kommuniziert: das freie Kind, das rebellische Kind, das Eltern-Ich als kritische Moralinstanz oder fürsorglicher Teil und das Erwachsenen-Ich. Aus Bernes Sicht ist es günstig, wenn ein Mensch jeden dieser Ich-Anteile jeweils zur rechten Zeit abrufen kann. Dazu müssten uns alle unterschiedlichen Teile der Persönlichkeit jederzeit zur Verfügung stehen. Das ist ein hohes Ziel, und die meisten von uns sind dazu leider nicht in der Lage. Um zu verdeutlichen, worum es geht, arbeiten wir auch mit Rollenspielen und schauen, was Reaktionen aus den verschiedenen Ich-Zuständen heraus bedeuten, wie sie sich anfühlen und was sie beim Gegenüber möglicherweise auslösen.

Wenn zum Beispiel jemand kritisiert wurde: »Da war ein falscher Ton«, welche Gefühle und Gedanken löst das aus? Denkt man: »Ach, ich Dussel, schon wieder verspielt!«, dann käme diese Antwort aus dem kritischen Eltern-Ich.

Gemeinsam wird dann weiter überlegt, welche Gründe – außer der eigenen Dusseligkeit – es geben könnte, dass jemand sich öfter verspielt oder falsch singt. Es könnte beispielsweise daran liegen, dass im Kopfhörer des Sängers die anderen Instrumente zu leise eingestellt sind.

Wer dazu tendiert, in Situationen wie dieser zu sich selbst streng zu sein und das Versagen der eigenen Person zuzuschreiben, wird nicht darauf kommen, es könnte an der Lautstärke im Kopfhörer liegen. Eventuell reagiert er verunsichert, regressiv, hilflos wie ein kleines Kind und zieht sich zurück. Das ist aber nur eine mögliche Form, auf eigene Unzulänglichkeiten zu reagieren: Andere, die dauernd falsch singen, werden in so einer Situation rebellisch und fangen an zu pöbeln: »Blöder Sound und alles scheiße hier, ich gehe nach Hause!«, das habe ich auch schon erlebt. All solche möglichen Reaktionen und inneren Zustände, die ihnen möglicherweise zugrunde liegen, besprechen wir.

Gibt es eigentlich eine bestimmte Persönlichkeitsstruktur, die für einen Popmusiker günstig ist?

Interessanterweise stellen sich die Studierenden genau diese Frage auch. Aber das würde ja bedeuten, dass Balladensänger traurige Menschen sein müssen. Nein, der Meinung bin ich nicht. Die Frage, die sich hier für den Musiker stellt, lautet: Wie stark bin ich mit meinem Werk identifiziert? Kann ich mit meinem Schaffen spielerisch umgehen und mich als Person ein bisschen herausnehmen – oder muss ich, krass ausgedrückt, wenn der Protagonist in meinem Song depressiv wird, selbst mit dieser Diagnose in die Klinik gehen? Genau das sollte natürlich nicht passieren. Ich bin sicher, dass es für gute Popmusik nicht nötig ist, zu 100 Prozent im eigenen Werk aufzugehen. Mein Wunsch wäre, dass die Studierenden genau an dieser Stelle etwas lernen: mithilfe der psychologischen Modelle eine Metaebene von sich selbst zu entwickeln und eine Haltung einnehmen zu können, bei der sie sich selbst innerlich beobachten, in einer wohlwollenden Weise selbst akzeptieren und aus sich heraus Lösungen generieren.

Urban Elsässer studierte klassische Gitarre an der Musikhochschule in Aachen, Jazzgitarre in Maastricht und absolvierte ein Jazz-Kompositionsstipendium bei Bob Brookmeyer an der Musikhochschule Köln. Später schloss er in Köln ein Studium als Diplompsychologe ab. Seit September 2011 ist Urban Elsässer Dozent für das Fach »Künstlerpersönlichkeitsentwicklung« im Masterstudiengang an der Popakademie Baden-Württemberg in Mannheim.

DER GEFÄNGNIS-PSYCHOLOGE

Ansprechpartner für alle Gefangenen mit Gesprächsbdarf

Ralf Höhmann arbeitet mit Menschen, die sich in einer absoluten Ausnahmesituation befinden: Seine Klienten sind Männer, die in der Justizvollzugsanstalt Münster inhaftiert sind.

Das Gebäude der Justizvollzugsanstalt Münster sieht sehr alt aus, steht das Gefängnis unter Denkmalschutz?

Ja, das tut es. Wir sind hier in der zweitältesten Justizvollzugsanstalt Deutschlands. Sie wurde 1853 eröffnet. Ich denke manchmal: Wenn das Gebäude Geschichten erzählen könnte ...! Der Grundriss hat die Form eines fünfstrahligen Sterns, den Mittelpunkt bildet die Zentrale.

Wie viele Menschen sind hier in Haft, welche Straftaten haben sie verübt?

Platz ist für etwas mehr als 570 erwachsene männliche Gefangene, die in der Regel zum ersten Mal inhaftiert sind. Die JVA ist zuständig für Verurteilte mit einem Strafmaß bis zu zwei Jahren, wenn sie deutsche Staatsangehörige sind, und bis zu vier Jahren bei Ausländern. Die meisten haben daher eher leichte Delikte verübt, viele wurden etwa wegen Diebstahls, Betrugs oder kleinerer Drogendelikte verurteilt. Etwa ein Drittel, würde ich schätzen, sitzt hier wegen Gewalt- oder Sexualstraftaten ein. Und dann gibt es einen Flügel für Untersuchungshäftlinge. Unter diesen Männern, die ihr Urteil ja erst noch erwarten, finden sich alle Arten von Straftätern. Auch solche, die mutmaßlich für schwere Verbrechen wie Mord, Totschlag oder Raubüberfälle verantwortlich sind.

Was sind Ihre Aufgaben als Psychologe in diesem Gefängnis?

Wir sind hier drei Psychologen. Unsere Hauptaufgabe besteht darin, fachkundige Grundlagen für Entscheidungen zu liefern, wenn etwa Gefangene einen Antrag auf Lockerungen stellen. Dazu nehmen wir schriftlich Stellung. Aber wir beteiligen uns auch mündlich und geben unsere Einschätzung zu den anstehenden Entscheidungen ab.

Welche Entscheidungen sind das?

Wir prüfen zum Beispiel die Gemeinschaftsfähigkeit. Das heißt, wir machen uns ein Bild von gemeinschaftlich untergebrachten Gefangenen und beurteilen, ob das Zusammenleben mit anderen vertretbar ist. Diese Prüfung hat folgenden Hintergrund: Es gab vor einigen Jahren in Nordrhein-Westfalen Vorfälle, bei denen Gefangene, die in Mehrbettzellen untergebracht waren, von Mitgefangenen verletzt wurden. In einem Fall sogar getötet. Damit so etwas nicht wieder passiert, tauschen wir uns aus, wie einzelne Gefangene sich verhalten, was zwischen ihnen abläuft. Wichtiger aber ist die Entscheidungsfindung über die Anträge der Gefangenen, etwa über Lockerungen wie Ausführungen oder Ausgang. Sie müssen bedenken: Die Häftlinge hier befinden sich im geschlossenen Vollzug. Das ist so, wie man sich das Leben im Gefängnis vorstellt: Die Menschen sind eingesperrt.

Und um sich mal außerhalb des Gefängnisses bewegen zu dürfen, müssen die Gefangenen einen Lockerungsantrag stellen?

Genau. Das wird sorgfältig geprüft. Bei Menschen, die wegen leichterer Delikte inhaftiert sind, wird bei der Entscheidung die Einschätzung der Beamten, die jeden Tag mit diesem Gefangenen umgehen, berücksichtigt. Aber immer wenn es um Häftlinge geht, die wegen Gewalt- oder Sexualstraftaten verurteilt wurden, ist zusätzlich eine schriftliche Einschätzung durch einen Psychologen vorgeschrieben, bevor die Vollzugsleitung über die Lockerung entscheidet. Diese auszuarbeiten ist ein wichtiger Teil meiner Arbeit. Dazu muss ich zwei Dinge beurteilen: die Flucht- und die Rückfallgefahr. Fluchtgefahr betrifft die Einschätzung, ob der Mensch am Ende des Freigangs freiwillig zurückkehrt. Ein Rückfall wäre, wenn der Häftling draußen Alkohol oder Drogen zu sich nimmt oder sogar neue Straftaten begeht.

Wie kommen Sie zu Ihrer Einschätzung bei den Lockerungsanträgen?

Ich höre mir zunächst einmal an, was die Vollzugsbeamten dazu denken. Es kann vorkommen, dass alle Beteiligten sich sofort einig sind und meinen: Das müssen wir ablehnen, wir halten den Gefangenen nicht für vertrauenswürdig. Wenn bestimmte formale Voraussetzungen vorliegen, dann bekomme ich die Akte, lese sie, beschäftige mich gründlich mit dem Menschen und seiner Tat, führe mit dem Gefangenen ein persönliches Gespräch. Dabei versuche ich herauszufinden, welche zentrale Motivation den Menschen dazu gebracht hat, diese Straftat zu begehen. Ich suche nach Merkmalen der Situation, aus der heraus dieses Delikt begangen wurde. Und ich schaue: Wo offenbaren sich Muster?

Können Sie ein Beispiel für ein Muster geben?

Wenn jemand wegen Körperverletzung unter Alkoholeinfluss im Gefängnis sitzt, prüfe ich: Was sind das genau für Situationen, in denen die Straftaten verübt wurden? Kam es immer dann zu Gewalt, wenn er in seinem Stadtteil, einem sogenannten Problemviertel, alte Kumpels traf und mit ihnen gemeinsam trank? Wenn es so ein Muster gibt, wäre meine Einschätzung: Wenn dieser Mensch das Wochenende in seinem alten Stadtteil verbringen möchte, dann ist zum einen die Gefahr relativ groß, dass er wieder trinkt und nicht pünktlich in die JVA zurückkehrt. Zum anderen besteht die Gefahr, dass er sich erneut in Schlägereien verwickelt. In so einem Fall würde ich vorschlagen, diesen Antrag abzulehnen, und zu einer anderen Lockerung raten, die besser geeignet ist. Beispielsweise dass der Mann sich hier vor dem Haus an Außenarbeiten beteiligt. Reparatur- oder Gartenarbeiten auf dem Gelände schließen das Alkoholtrinken weitgehend aus. Es geht also um eine Bewertung, die ich vornehme: Welche Situationen beinhalten eine höhere Gefahr der Wiederholung eines Delikts – welche anderen Situationen sind sicherer?

Spielen noch weitere Aspekte für Ihre Beurteilungen eine Rolle?

Ja, mehrere. Ich führe unter anderem eine Bewertung anhand der sogenannten Kriterienlisten durch. Das sind für die Prognose künftiger Straftaten extra erstellte Kataloge von bedeutsamen Umständen, die mit dem Rückfallrisiko überzufällig häufig gemeinsam auftreten. Eine Rolle spielt auch: Inwieweit durchschaut es jemand, welche Situationen für ihn kritisch sind; inwiefern hat jemand während seines bisherigen Aufenthalts im Vollzug Fortschritte gemacht? Mit am stärksten fällt für mich ins Gewicht, ob jemand neue Handlungsstrategien entwickeln konnte, mit kritischen Situationen anders umzugehen als in der Vergangenheit. Dies wird beispielsweise in unseren Gruppen wie etwa dem Antigewalttraining, erarbeitet.

Wie läuft dieses Gruppentraining ab? Was sind die Inhalte?

Ich mache dieses Training zusammen mit einer ehemaligen Kollegin, die auch Psychologin ist. Es findet in der Regel einmal wöchentlich statt und geht über mehrere Stunden. Unser Programm ist angelehnt an ein Training, das speziell für gewalttätige Häftlinge entwickelt wurde, das »BIG – Behandlungsprogramm für inhaftierte Gewalttäter«. Allerdings wurde BIG für einen längeren Trainingszeitraum konzipiert. Wir haben es für unsere Gefangenen mit vergleichsweise kurzen Haftstrafen ein bisschen umgeschrieben und gestrafft.

Das Training besteht aus zwei Teilen. In dem deliktunspezifischen Teil geht es um die Entwicklung von allgemeinen Fähigkeiten und Fertigkeiten – wie beispielsweise den Umgang mit Stress oder aufkommenden negativen Gefühlen. Damit besser umzugehen wird gemeinsam trainiert. In diesem Rahmen diskutieren wir auch über moralische Fragen. Im deliktspezifischen Teil wird dann auf den Einzelnen geschaut: auf seine Lebensgeschichte, die persönliche Deliktgeschichte und das Erarbeiten von individuellen Rückfallverhinderungsstrategien – eben solchen, die genau für diesen Menschen passen. In diesem Teil des Trainings kann jeder Gefangene selbst entscheiden, inwieweit er in diesem Rahmen Persönliches preisgeben und sich darauf einlassen möchte.

Arbeiten Sie in dieser Gruppe auch mit Rollenspielen?

Ja, aber mit Standbildern, also ohne Action. Der Gefangene soll beispielsweise in die Rolle des Opfers schlüpfen und sich in dessen Lage versetzen. Bei einer Übung wird er sogar gebeten, den gesamten Tathergang aus der Sicht des Opfers zu beschreiben: Was dieser Mensch wohl in der Situation denkt, was er fühlt und fürchtet. Diese Aufgaben sind Kernelemente des Trainings. Dazu gehört auch ein gegenseitiges Feedback. Sie müssen wissen: Die Gefangenen sprechen ansonsten kaum miteinander über ihre Straftaten. Es herrscht viel Scham, was das Delikt angeht. Insofern kann es für einen Gefangenen ein wirksames Aha-Erlebnis sein, festzustellen, dass es anderen in ähnlich gelagerten Situationen gefühlsmäßig ganz ähnlich ergangen ist. Überhaupt wirkt das Sprechen über die Tat und die eigenen Gefühle oft erleichternd, das stelle ich auch bei meinen Einzelgesprächen mit den Gefangenen fest.

Mit welchen Gefangenen führen Sie Einzelgespräche?

Als Psychologe bin ich Ansprechpartner für alle Gefangenen mit Gesprächsbedarf, das gilt besonders für Menschen in einer akuten Krise. Wenn jemand beispielsweise in die Untersuchungshaft eingeliefert wird und völlig aufgewühlt ist, dann teilen mir die Vollzugsbeamten das mit, und ich versuche möglichst schnell mit diesem Menschen zu sprechen. Gleiches gilt, wenn jemand suizidal ist. Abgesehen von diesen sehr akuten Krisengesprächen bekomme ich täglich mehrere Anträge mit Gesprächswünschen.

Worüber möchten die Gefangenen mit dem Psychologen reden?

Viele möchten über das Delikt oder über ihre Ängste in Bezug auf die Zukunft reden. Sie wollen sich einfach mit einem Gespräch über ihre Situation entlasten. Manche klagen über Schlafstörungen, oder sie sagen: »Ich hab Kopfkino«, das heißt: Ich werde von belastenden Gedanken und Fantasien geplagt. Es gibt Gefangene, die leiden stark unter dem Verlust des Kontakts mit ihren Angehörigen, andere fühlen sich von Bildern gequält, bei denen sie ihr Delikt auf schmerzhafte Weise rekapitulieren. Manchmal ergibt sich aus so einem ersten Gespräch und den geäußerten Problemen eine Einzeltherapie. Diese soll den Gefangenen psychisch stabilisieren, Einsichten bringen, wie es zu der Tat kommen konnte, und einen Rückfall in die Straffälligkeit verhindern.

Wie sieht so eine Tataufarbeitung aus?

Sie beginnt damit, dass wir detailliert darüber sprechen, wie es zu dem Delikt kam. Oft sehe ich mir dazu vorher die Ermittlungsakten an – also auch die Bilder vom Tatort. Durch geleitete Fragen gehe ich dann mit dem Gefangenen noch einmal den ganzen Tatablauf durch. Dabei interessiert mich auch seine Biografie: Wo hat dieser

Mensch vorher Gewalterfahrungen gemacht? Wo wurde ihm vorgelebt, mit gewalttätigen Mustern zu reagieren? Wo war dieser Täter vielleicht selbst früher Opfer von Gewalt? Wo war Gewalt früher nützlich, um bestimmte Absichten und Wünsche zu erreichen? Ziel ist, die erlernten Verhaltensmuster zu erkennen und auch die kognitiven Prozesse aufzudecken, die zu so einem gewalttätigen Verhalten beitragen, und gegebenenfalls ein neues Denken einzuüben. Wenn diese Analyse des Tathergangs abgeschlossen ist, richten wir den Blick nach vorne: Wie kann dieser Mensch – mit seiner persönlichen Biografie, seinen kognitiven Mustern, seiner individuellen Konfliktlerngeschichte – in Zukunft besser mit sich umgehen? Wie kann er es beispielsweise schaffen, mit einer Beleidigung anders als gewalttätig umzugehen?

Viele Menschen haben Vorbehalte gegenüber Straftätern. Sind Sie frei davon?

Meine Haltung ist: Ich schwinge mich nicht zum Richter auf, ich möchte Menschen nicht wegen etwas, das sie getan haben, links liegen lassen. Trotzdem finde ich es manchmal nicht leicht, die Bilder oder Beschreibungen aus den Ermittlungsakten der Polizei anzusehen und die eigenen Emotionen außen vor zu lassen. Noch dazu, wenn ich anschließend dem Täter gegenübersitze und ihm zu vermitteln versuche, dass ich ihn wertschätze und mit ihm arbeiten möchte. Aber das gehört zu meiner Professionalität dazu.

Finden Sie das am schwierigsten an Ihrer Arbeit?

Ja, und noch etwas anderes: Ich finde es sehr schwierig, wenn Gefangene eine andere Version des Tathergangs vertreten, als im Urteil steht. Wir sind als Institution natürlich an den Richterspruch gebunden: Das Urteil entspricht der festgestellten Wahrheit, daran gibt es auch nichts zu diskutieren. Wenn jemand also behauptet:

»Ich bin unschuldig!«, dann muss ich ihm streng genommen attestieren, dass er keine Einsicht in seine Straftat hat. Das finde ich sehr schwierig: Es gibt dann keine von beiden Seiten gestützte Realität, mit der man arbeiten kann.

Ralf Höhmann studierte Psychologie an der Universität Münster. Er absolvierte eine Ausbildung in Verhaltenstherapie und arbeitete 14 Jahre lang als Psychologe in Kliniken der forensischen Psychiatrie. Seit 2011 ist der Diplompsychologe und approbierte Psychotherapeut im Strafvollzug der Justizvollzugsanstalt Münster tätig.

DIE PSYCHOLOGIN BEI »ÄRZTE OHNE GRENZEN«

Zur richtigen Zeit am richtigen Ort sein

Anne Pillot arbeitet seit zehn Jahren für die Hilfsorganisation »Ärzte ohne Grenzen«. Die Diplompsychologin war bereits in elf Auslandseinsätzen für die Organisation tätig. In der Berliner Geschäftsstelle ist Anne Pillot außerdem für die Schulung der Projektleiter zuständig. Und sie sorgt für die seelische Gesundheit der Helfer in Form von Vor- und Nachbereitungsgesprächen.

Die Organisation »Ärzte ohne Grenzen« kennen die meisten Menschen als eine Organisation, die medizinische humanitäre Hilfe leistet. Inwiefern sind Psychologen darin eingebunden?

»Ärzte ohne Grenzen« wurde 1971 als medizinische Organisation gegründet, aber schon seit einigen Jahren setzt der Verein auch Arbeitsgruppen ein, die sich um die psychische Versorgung der Menschen kümmern. Solche psychosozialen Zentren sind meist an medizinische Projektstandorte angedockt. Das Ziel ist, die Menschen im Umgang mit den seelischen Belastungen zu unterstützen, die sie durch Krankheiten, Naturkatastrophen oder Gewaltkonflikte erfahren haben. Dazu gehört auch, auf ihre Würde zu achten, die in solchen Extremsituationen oft beschädigt wird. In den letzten Jahren wurden solche Zentren beispielsweise in Simbabwe und Sri Lanka eingerichtet. Noch ist nicht an jedes medizinische Zentrum auch eine psychosoziale Versorgungsstelle angegliedert. Aber es ist das erklärte Ziel der Organisation, diese Art der Hilfe, die ja auch sehr sinnvoll ist, weiter auszubauen.

Was genau tun Psychologinnen und Psychologen dann vor Ort?

Wie im medizinischen Bereich arbeiten auch in der psychologischen Hilfe internationale Fachkräfte und einheimische Helfer zusammen. Letztere wurden beispielsweise in Sri Lanka geschult, wie sie ihre Landsleute, die unter Gewalt im Zuge der bewaffneten Tamilenkonflikte gelitten hatten, unterstützen können. In Simbabwe stand der Umgang mit der Diagnose HIV im Vordergrund. Dort wurden Betroffene unterstützt, wie sie mit dem Wissen um die Krankheit umgehen können. Oder, was auch vorkommt, es werden ganze Dorfgemeinschaften beraten, wie der Umgang mit erkrankten Familienangehörigen und Kindern für alle Beteiligten am besten gestaltet werden könnte. Solche psychosozialen Programme zum Umgang mit der HIV-Infektion laufen derzeit auch in Malawi und Swasiland.

Wie viele Psychologen sind derzeit bei »Ärzte ohne Grenzen« tätig?

Das kann ich nur schätzen. Aktuell sind sicher mehr als 20 in Projekten im Einsatz. Im Pool der potenziellen Freiwilligen gibt es einige mehr. Allein in Deutschland sind es 25. Die Organisation ist so aufgebaut, dass alle Freiwilligen, ob Ärztin, Logistiker oder Psychologe, nur eine vorher festgelegte und begrenzte Zeit in einem Projekt tätig sind. In der Regel geht es um einen Rahmen von sechs Monaten bis zu einem Jahr. Danach findet ein Wechsel statt, andere übernehmen die Arbeit vor Ort und führen sie fort. Dann wird beispielsweise die burundische Krankenschwester von einem australischen Krankenpfleger abgelöst, die deutsche Psychologin von einem kanadischen Kollegen. Um diese Übergaben lückenlos zu gewährleisten, verfügt die Organisation über einen großen Fundus potenzieller Mitarbeiter, die angefragt werden können. Wenn ein Einsatz ansteht, wird geschaut: Wer kann, wer steht gerade zur Verfügung? Die meisten Psychologen, die für »Ärzte ohne Grenzen« arbeiten, nehmen dafür unbezahlten Urlaub, nutzen ein Sabbatjahr oder befinden sich zwischen zwei Anstellungen.

Wie kamen Sie zu »Ärzte ohne Grenzen«?

Es war schon immer mein Traum, Teil dieser Organisation zu sein. Auf Reisen zu sein, die Welt kennenzulernen, andere Kulturen wirklich zu erleben – und dabei gleichzeitig eine wirklich sinnvolle Arbeit zu verrichten, diese Idee hat mich schon immer begeistert. Wie es im Leben so läuft, dauerte es eine Weile, bis ich mich dann tatsächlich bei »Ärzte ohne Grenzen« als Freiwillige, so werden die Mitarbeiter in den Auslandsprojekten genannt, bewarb. Meinen ersten Einsatz hatte ich 2002 in Sierra Leone. Dort ging gerade der zehnjährige Bürgerkrieg um die Diamantenminen zu Ende, als ich als Krankenschwester dort hinging, obwohl ich mein Psychologiestudium bereits abgeschlossen hatte. Dass ich auch in einer psychosozialen Tätigkeit für die Organisation arbeiten könnte, wurde mir erst danach klar. Ende 2003, bei meinem zweiten Einsatz, war ich dann als Psychologin für »Ärzte ohne Grenzen« im Iran tätig.

Inzwischen hatten Sie insgesamt elf Auslandseinsätze für die Organisation, waren unter anderem in Haiti, Kongo und China. Was sind Ihre Aufgaben vor Ort?

Das ist ganz unterschiedlich, es hängt von der Notsituation und dem Bedarf vor Ort ab. Es kommt vor, dass ich damit beginne, überhaupt die Strukturen für eine psychosoziale Versorgung aufzubauen. Das kann dann bedeuten, dass ich erst einmal die geeigneten Räume suche, es können auch Hütten oder Zelte sein, die sich für so eine Arbeit eignen. Mit diesen Aufgaben war ich beispielsweise in Sri Lanka und China betraut.

Und wenn diese Strukturen eingerichtet sind?

Dann besteht meine Aufgabe darin, die Projektarbeit zu organisieren und Mitarbeiter zu beraten. Das bedeutet, ich gebe vor Ort Anregungen und Hilfestellung, um Arbeitsabläufe zu verbessern oder die Zusammenarbeit der Mitarbeiter zu koordinieren.

Die Arbeit in den Krisengebieten ist doch sicher belastend. Bekommen die humanitären Helfer auch psychologische Unterstützung?

Dafür gibt es eine eigene kleine Arbeitseinheit innerhalb von »Ärzte ohne Grenzen«, die sich Psycho-Social Care Unit (PSCU) nennt. Sie wurde eigens für die psychische Unterstützung der Mitarbeiter eingerichtet. Für diese PSCU arbeite ich zum einen von Berlin aus, zum anderen reise ich in dieser Funktion auch ins Ausland und gebe Unterstützung in den Projekten. Zuletzt war ich in dieser Funktion im April 2011 in Pakistan.

Was war Ihr Auftrag in diesem Projekt in Pakistan?

Als ich dort hingeschickt wurde, war »Ärzte ohne Grenzen« bereits längere Zeit mit einer medizinischen Versorgungsstation vor Ort ansässig. In dem Projekt arbeiteten etwa sieben internationale und 60 bis 70 pakistanische Fachkräfte, die ich seelisch unterstützen sollte: Konkret ging es um Gruppen- und Einzelgespräche. Sie drehten sich meist um den Umgang mit Stress, kritische Situationen aufgrund der instabilen Lage vor Ort oder um die schwierigen Arbeitsbedingungen. Manchmal standen eher Heimweh oder Überforderung durch die Arbeit im Vordergrund.

Außerdem gehörten Supervision und Teamentwicklung zu meinen Aufgaben, mit dem Ziel, Probleme der Zusammenarbeit zu erkennen, Konflikte herauszuarbeiten und zu klären und die Arbeitszufriedenheit insgesamt zu verbessern. Diese Aufgaben sind typisch für die Arbeit als Psychologin in der PSCU in den Projekten im Ausland. Denn mal abgesehen von den besonderen Arbeitsbedingungen in Pakistan, trafen hier, wie immer in den Projekten von »Ärzte ohne Grenzen«, ganz unterschiedliche Menschen aus verschiedenen Kulturkreisen aufeinander, die sich nicht nur verständigen, sondern zusammenarbeiten und auf engstem Raum zusammenleben mussten.

Abgesehen von der Supervision der Freiwilligen im Ausland, leisten wir auch psychosoziale Unterstützung für die Mitarbeiter von Berlin aus. Wir sind drei Psychologen in dieser Funktion und beraten beispielsweise nach Bedarf die Projektleiter, die innerhalb der Organisation Koordinatoren genannt werden.

Sie führen Vorbereitungsgespräche mit den Projektleitern?

Ja, jedes Mal, bevor jemand für ein Projekt im Ausland die Verantwortung übernimmt. Denn neben dem Management des Projekts haben die Koordinatoren die wichtige Aufgabe, die seelische Balance der Mitarbeiter im Blick zu behalten und darauf zu achten: Wie geht es meinem Team? Was kann ich tun, wenn ich merke, dass jemand sich nicht wohlfühlt? Wie erkenne ich überhaupt, dass ein Mitarbeiter möglicherweise seelische Probleme und Unterstützungsbedarf hat? Vor ihrer Ausreise gehen wir diese Themen in Form eines kleinen Trainings mit den Projektleitern durch. Sie lernen beispielsweise, dass ein Merkmal für seelisches Ungleichgewicht ein scheinbar paradoxes Verhalten wie das folgende sein kann: dass jemand sich übermäßig engagiert, sich gar keine Pausen gönnt und sich völlig in der Arbeit auspowert. Wir wirken auch bei Bedarf beratend im Hintergrund, während das Projekt läuft, per Telefon oder Skype.

Und die anderen Mitarbeiter, die Krankenpfleger, Hebammen und Ärzte – werden die ohne Vorbereitung ins Ausland geschickt?

Wir können mit den derzeitigen Kapazitäten nicht jeden Freiwilligen auf jeden Einsatz vorbereiten, das schaffen wir leider nicht. Aber wir führen Vorgespräche mit allen, die zum ersten Mal für »Ärzte ohne Grenzen« ins Ausland gehen. Und mit allen, die in ein Land gehen, in dem es Sicherheitsprobleme gibt oder in dem die Lebensbedingungen sehr stark eingeschränkt sind. Unserer Erfahrung nach ist es ganz wichtig, dass die Mitarbeiter vorher möglichst genau erfahren, worauf sie sich einlassen. Beispielsweise dass sie sich nur in einem sehr kleinen Radius bewegen werden, dass sie auf engem Raum mit den Kollegen zusammenarbeiten und -leben werden – und das über mehrere Monate.

Kommt es auch vor, dass Sie jemandem nach so einem Gespräch von der Arbeit im Projekt abraten?

Ja, das kommt vor. Etwa wenn jemand sich gerade von seinem Partner getrennt hat und noch stark im Trennungsprozess steckt. Es kann dann für manche eine gute Idee sein, sich in einen ganz anderen Kontext zu begeben, sich in neue Aufgaben zu stürzen. Für andere aber nicht. Unabhängig von Umbrüchen merken wir manchmal auch, dass jemand stark mit sich selbst beschäftigt ist, auf eine Weise, die es schwierig machen könnte, bei so einem Einsatz mitzuwirken. Wenn wir diesen Eindruck haben, raten wir demjenigen ab. Oder wir legen ihm nah zu überlegen, ob die Arbeit zu diesem Zeitpunkt tatsächlich das Richtige ist. Diese Gespräche sind aber immer vertraulich, und Inhaltliches wird nie an die Personalverantwortlichen weitergegeben.

Wie hoch ist die seelische Belastung der Mitarbeiter? Wie schützt die Organisation ihre Freiwilligen gegen Traumatisierungen?

Zunächst einmal bekommt jeder einzelne Mitarbeiter von »Ärzte ohne Grenzen« nach jedem Auslandseinsatz ein sogenanntes Debriefing. Das bedeutet: Die Freiwilligen fliegen nach dem Projekt hierher nach Berlin oder in eine andere Geschäftsstelle der Organisation und führen mit Psychologen ein Rückkehrgespräch. Dieses hat die Form eines strukturierten Dialoges, der sich inhaltlich an den Wünschen und Bedürfnissen des Rückkehrers orientiert. Debriefing bedeutet, wir bieten dem Rückkehrer einen Raum, in dem das Erlebte auf einer persönlichen Ebene noch einmal reflektiert wird. Wir fragen genau nach, was derjenige erlebt hat, und geben Anstoß, über Dinge nachzudenken, die vielleicht noch nicht abgeschlossen sind. Wir schauen gemeinsam, was diese Arbeit im Ausland bei ihm oder ihr ausgelöst hat. Natürlich achten wir dabei sehr auf mögliche Anzeichen für eine posttraumatische Belastungsstörung wie bestimmte Bilder, die jemand nicht loslassen kann, Schlafstörungen oder Konzentrationsschwierigkeiten. Ich kann wirklich sagen: Es kommt nur sehr selten vor, dass unsere Mitarbeiter mit einer seelischen Erkrankung zurückkehren.

Das in der Öffentlichkeit vorherrschende Bild, dass das Miterleben von Leid fast zwangsläufig zu Traumatisierungen führen muss, ist also nicht richtig?

Was die Gefahr der Traumatisierungen der humanitären Helfer angeht, herrschen in der Öffentlichkeit tatsächlich falsche Vorstellungen. Allein durch den Aufenthalt in einer Krisenregion, in der Menschen unter schwierigen Bedingungen leben, wird noch niemand traumatisiert. Man kann sehr wohl vor Ort unter erschwerten Bedingungen und mit belastenden Bildern und Eindrücken arbeiten und diesen Job psychisch völlig unbeschadet überstehen – das tun wir, die Mitarbeiter von »Ärzte ohne Grenzen«, nämlich in den allermeisten Fällen. Unsere Arbeit kann man nicht mit dem Job von Soldaten vergleichen, die vielleicht in ähnlichen Gebieten stationiert sind – sie haben ganz andere Aufgaben und ein anderes Selbstverständnis. Das klingt jetzt vielleicht paradox, aber viele unserer Mitarbeiter haben nach ihrem Einsatz sogar Hochgefühle und empfinden eine große Befriedigung – weil das von ihnen Geleistete, die Hilfe für die Einheimischen sehr konkret und fassbar ist. Viele sind regelrecht begeistert, weil sie das Gefühl haben: »Ich war zur richtigen Zeit am richtigen Ort.«

Anne Pillot ist gebürtige Französin und lebt seit 25 Jahren in Deutschland. Sie ist examinierte Krankenschwester, Diplompsychologin, systemische Familientherapeutin und arbeitet seit 2004 in eigener Praxis in Berlin. Seit 2002 ist sie außerdem regelmäßig für die humanitäre Hilfsorganisation »Ärzte ohne Grenzen« tätig.

DIE PSYCHOLOGIN IN DER BERATUNGS-STELLE

Eltern unterstützen, gute Erzieher zu sein

Überforderte Mütter, Eltern in Trennungskonflikten, Großeltern mit Sorgen um die Enkel – das Klientel einer Beratungsstelle für Eltern, Kinder und Jugendliche ist bunt gemischt. Entsprechend breit ist auch das Beratungsangebot, wie die Diplompsychologin Imke Anne Hirdes, Leiterin einer Beratungsstelle in Hamburg, erzählt.

Frau Hirdes, Sie leiten eine Beratungsstelle für Kinder, Jugendliche und Eltern. Wer kommt zu Ihnen in die Beratungsstelle, und welche Anliegen haben die Menschen?

Zu uns kommt die sozialschwache Familie mit vielen Kindern und einem Berg an Problemen – aber es kommen auch einzelne Frauen und Männer, die in einer Krise stecken. Wir helfen auch mal Großeltern in schwierigen Lebenssituationen und Paaren, die Meinungsverschiedenheiten in der Erziehung haben oder nach einem Seitensprung in einer Vertrauenskrise stecken. Häufig kommen Eltern mit Trennungs- oder Scheidungsproblemen zu uns, die sich beraten lassen, wie das Umgangsrecht der Kinder gütlich geregelt werden kann. Und hier suchen Jugendliche Unterstützung, die Konflikte mit den Eltern haben oder Hilfe bei Schulproblemen benötigen, oft geht es um schlechte Noten oder Mobbing. Auch Mütter mit Erziehungsschwierigkeiten suchen bei uns Rat.

Was bieten Sie den Menschen an?

Der Schwerpunkt liegt auf der lösungsorientierten Beratung, wir bieten aber auch Kriseninterventionen an und haben sogar einige Kurzzeittherapieplätze. Die Übergänge zwischen Beratung und Therapie sind bei uns nicht strikt getrennt, sondern fließend. Auch wenn wir offiziell den Titel »Erziehungsberatungsstelle« tragen, geht der Radius unserer Beratung über pädagogische Probleme weit hinaus. Für alle ist diese Beratung kostenlos.

Mit welchen Problemen kommen beispielsweise Mütter zu Ihnen?

Manche, gerade sehr junge Mütter, sind einfach nur unsicher in Erziehungsfragen. Bei ihnen reicht oft schon ein einziger Beratungstermin. Sie schildern, wie sie mit ihrem Kind umgehen, holen sich eine Bestätigung von uns, dass ihr Verhalten im Großen und Ganzen in Ordnung ist, und gehen dann ganz erleichtert hier raus. Bei anderen steigen wir tiefer ein. Es kommt häufig vor, dass Mütter auf Anraten des Kitapersonals zu uns kommen. Dort hat man sie gebeten: Gehen Sie doch mal in eine Erziehungsberatungsstelle, Ihr Kind ist so auffällig, es hält sich nicht an die Regeln. Frauen kommen vor allem dann zu uns, wenn sie das Problem mit dem Kind zu Hause auch haben. Die Schwierigkeit besteht beispielsweise darin, dass das Kind ausrastet, sobald die Mutter versucht, ihm Grenzen zu setzen. Die Frage an uns lautet dann: Was kann ich jetzt tun?

Und wie beraten Sie eine Mutter, deren Kind keine Grenzen akzeptiert?

Grundsätzlich gehe ich von der systemischen Sichtweise aus. Für meine Haltung in der Beratung bedeutet das: Ich suche den Schlüssel zum Verständnis und zur Lösung eines Problems nicht allein bei dem Kind, das sich nicht an Regeln hält, sondern auch in seinem Umfeld. Die konkrete Beratungsarbeit mit der Mutter beginnt mit einer gründlichen Klärung der Situation: Worin besteht das Problem genau? Wie lange besteht es schon? In welchen Situationen tritt es auf? Was dann folgt, könnte eine klassische Erziehungsberatung sein. Das würde bedeuten, wir gucken: Wie verhält sich die Mutter genau, wenn das Kind wütend wird und nicht auf sie hört – und was könnte sie stattdessen tun?

Wie muss man sich so eine klassische Erziehungsberatung vorstellen?

Viele Mütter sprechen heutzutage sehr viel mit ihren Kindern. Das ist grundsätzlich auch gut. Wenn es aber darum geht, eine Grenze zu setzen, sind kurze, klare Anweisungen gefragt. Und diese sollen auch nicht zehnmal wiederholt oder erklärt werden. Ich gebe Ihnen ein Beispiel: Wenn das Kind mit Spielzeug im Zimmer herumschmeißt und die Mutter möchte das nicht, dann sollte sie dem Kind sagen: »Du sollst mit dem Spielzeug nicht werfen.« Wenn es nicht auf sie hört, soll die Mutter es maximal noch einmal wiederholen – dann muss sie handeln. Zum Beispiel indem sie dem Kind das Spielzeug wegnimmt, mit den erklärenden Worten: »Ich habe dir ja gesagt, du sollst das Spielzeug nicht werfen. Ich nehme es dir jetzt weg und gebe es dir in ein paar Minuten wieder. Dann gucken wir noch einmal, ob du dich daran hältst.« Ganz wichtig ist dabei, dass die Konsequenzen in einem logischen Zusammenhang mit dem Fehlverhalten stehen.

Unlogisch wäre: »Wenn du nicht aufhörst, mit dem Spielzeug zu werfen, kriegst du morgen kein Eis«?

Ja, beispielsweise. Ein Klassiker ist immer das Fernsehverbot. Das ist aber schnell ausgereizt und für Kinder als Zusammenhang nicht wirklich verständlich, darum funktioniert es irgendwann nicht mehr. Methodisch gehe ich bei so einer Beratung mit der Mutter oft noch eine Ebene tiefer. Denn die Erfahrung zeigt: Mütter können ihr Verhalten gegenüber dem Kind leichter ändern, wenn sie erst einmal verstehen, aus welchen guten Gründen sie so handeln, wie sie es aktuell tun. Wir schauen also zusammen: Warum verhält sich die Mutter bei den Regeln so nachgiebig? Warum gibt sie dem Kind nicht die richtigen Hilfen, diese einzuhalten? Meistens sind es sehr nachvollziehbare Gründe.

Was könnten denn gute Gründe sein, das Spielzeugschmeißen nicht zu unterbinden?

Viele fürchten, sie seien keine lieben, keine zugewandten Mütter, wenn sie dem Kind Grenzen setzten. Dabei ist gerade eine Grenzen setzende Mutter eine fürsorgliche Mutter. Sinnvolle Grenzen geben Kindern Sicherheit und Orientierung. Die Hemmungen der Mütter – schon einfach ganz klipp und klar »nein« zu sagen fällt vielen enorm schwer – haben ganz unterschiedliche Ursachen. Manche sind besorgt, dass ihr Kind sie dann nicht mehr mag. Andere wollen dem Kind Leid ersparen. Diese Ursache sehe ich häufig bei Müttern, die sich vom Vater des Kindes getrennt haben. Sie hegen große Schuldgefühle gegenüber dem Nachwuchs, die ihnen oft nicht bewusst sind. Sie denken: Es war alles schlimm genug, ich kann dem Kind jetzt nicht noch mit rigiden Regeln und harten Grenzen zusätzlich das Leben schwermachen.

Um die genauen Gründe der Mutter zu beleuchten, kann es manchmal sinnvoll sein, zu prüfen: Was hat das aktuelle Problem mit der Biografie der Mutter zu tun? Häufig stellt sich heraus, dass auffällige Verhaltensweisen in der Familie immer wieder auftreten und schon in der Eltern- und oft sogar in der Großelterngeneration vorkamen. Ich will noch einmal auf das Beispiel einer Mutter zurückkommen, die ihrem Kind keine Grenzen setzt: Es könnte sich herausstellen, dass sie eine autoritäre Erziehung oder körperliche Gewalt in der Familie erleben musste. Als Konsequenz lehnt sie bei den eigenen Kindern alles, was an Zwang oder Gewalt auch nur entfernt erinnert, rigoros ab. Diese Haltung – und woher sie kommt – könnte ihr in der Beratung bewusstwerden. Auch, dass sie nun selbst zum anderen Extrem in ihrem Verhalten dem Kind gegenüber neigt – mit den bekannten Folgen.

Mit welchen Methoden arbeiten Sie noch?

Zum besseren Verständnis der eigenen Psychodynamik setze ich gerne das Persönlichkeitsmodell des »inneren Teams« ein. Darin wird die Vielfalt des menschlichen Innenlebens mit einem Team aus Mitarbeitern verglichen, die einem Chef zuarbeiten. Dieser »Chef« oder »Regisseur«, wie ich ihn gerne nenne, hat die Aufgabe, alle inneren Anteile mit ihren widerstreitenden Wünschen und Forderungen wahrzunehmen und unter einen Hut zu bringen. Das ist oft gar nicht so einfach, wie wir wohl alle wissen: Ein Teil von uns (»Die Ordentliche«) möchte vielleicht eine perfekt aufgeräumte Wohnung und einen durchorganisierten Haushalt, ein anderer Teil (»Die Genießerin«) will aber die Seele baumeln lassen und mit einem Buch auf der Couch liegen. Ich gebe Ihnen ein typisches Beispiel aus meiner Beratung: Eine berufstätige Mutter kommt zu mir. Sie ist erschöpft, fühlt sich überfordert, hat das Gefühl, ihr wächst alles über den Kopf. Dann erkläre ich ihr die Methode, und wir arbeiten gemeinsam die Mitglieder ihres inneren Teams heraus. Es könnten beispielsweise folgende Anteile in Konflikt miteinander liegen: »Die Bedürftige« und »Die Kontrollierende«.

Diese innere Verfassung stellen wir am Flipchart dar. Die Klientin wird symbolisch als Männchen mit Kopf und dickem Bauch dargestellt, in dessen Inneren die Teammitglieder sitzen. Diese sind, je nach aktuellem Einfluss auf den Regisseur, verschieden groß gezeichnet. Wo zwischen ihnen Konflikte herrschen, wird dies mit roten Blitzen gekennzeichnet. Bei vielen Menschen, die sich überfordert fühlen, liegt folgende Struktur vor: Hier ist der »kontrollierende« Teil mit der Zeit übermächtig geworden. Er treibt den Menschen ständig an, sorgt beispielsweise dafür, dass eine Frau sich im Beruf, als Mutter und als Partnerin über Jahre verausgabt, weil sie alles perfekt machen will und sich für alles verantwortlich fühlt – kein Wunder, dass sie nun völlig erschöpft ist. Welcher Teil hier meistens nicht genug gehört wurde, ist der »bedürftige« Teil der Klientin. Die Hilfe bei ihrem Problem besteht darin, dies zu erkennen – und den vernachlässigten Teilen, beispielsweise der eigenen »Bedürftigkeit«, die für Freizeit und eigene Belange steht, wieder mehr Mitspracherecht einzuräumen.

Eine ganz einfache weitere Methode, die ich oft anwende, ist die »Skalierung«.

Was ist darunter zu verstehen?

Ich gebe Ihnen ein Beispiel: Bei mir in der Beratung meldete sich telefonisch eine Familie an, die ganz dringende, schwerwiegende Probleme signalisierte. Die Eltern, gerade getrennt, machten sich große Sorgen um den gemeinsamen zwölfjährigen Sohn. Er hatte Angst, allein auf Klassenreise zu fahren. Nach dem telefonischen Vorgespräch mit der Mutter hatte ich zunächst ebenfalls das Gefühl, dass es hier eher um eine langwierige Beratung gehen würde. Aber es kam dann ganz anders. Gleich beim ersten Termin setzte ich die Skalierung ein, um das Ausmaß der Angst bei den einzelnen Familienmitgliedern zu klären. Alle drei, Vater, Mutter und Sohn, sollten auf einer Skala von 1 bis 10 schätzen, wie groß die Angst des Sohnes denn wohl sei, wenn er allein auf Klassenfahrt führe. Überraschenderweise zeigte sich: Die Mutter schätzte die Furcht des Kindes bei 9 ein, der Sohn selbst die eigene Angst aber nur bei 3. So wurde deutlich, dass es weniger um die Schwierigkeiten des Sohnes mit der Klassenfahrt ging, sondern eher um ein Problem der Mutter, die es nicht ertragen konnte, dass es ihm schlecht geht. Sie hatte wegen der Scheidung Schuldgefühle gegenüber dem Kind und wollte ihm weiteres Leid unbedingt ersparen – was auch ein sehr liebenswertes Anliegen ist, aber eben leider nicht realistisch.

Haben Sie neben der Arbeit mit Klienten als Leiterin der Beratungsstelle noch weitere Aufgaben?

Natürlich. Dazu gehört alles, was mit der Mitarbeiterführung zusammenhängt, also Anleitung und Zieldefinitionsgespräche. Daran hängen auch administrative Tätigkeiten, wie die Urlaubsplanung oder das Organisieren bei Krankenständen und ein bisschen Buchhaltung. Zur Leitungsarbeit gehört außerdem das Planen und Leiten der Teamsitzungen. Darüber hinaus sind wir in mehrere Fachgremien eingebunden. Insofern ist meine Arbeit auch ein bisschen politisch. Außer Haus führe ich auch in Kitas, Schulen oder anderen Einrichtungen Fachberatungen durch. Dabei berate ich Erzieherinnen oder Lehrer, die besondere Schwierigkeiten im Umgang mit einem Kind oder einer Familie haben, beispielsweise weil ein Kind gewalttätig ist. Oder es geht um Fragen des Kinderschutzes. Meine Hauptaufgabe ist und bleibt aber die Unterstützung der Klienten, die zu uns in die Beratungsstelle kommen.

Imke Anne Hirdes schloss ihr Psychologiestudium 1997 in Saarbrücken ab. Sie absolvierte eine Zusatzausbildung in systemischer Therapie und arbeitete von 2004 bis 2006 in eigener Praxis in Buxtehude bei Hamburg, in der sie psychologische Beratung und Karrierecoaching anbot. Seit 2009 ist die Diplompsychologin Leiterin der staatlichen Erziehungsberatungsstelle Hamburg-Wilhelmsburg.

DIE INGENIEUR-PSYCHOLOGIN

Braucht die Maschine noch den Menschen?

Maschinen nehmen uns immer mehr Aufgaben und Verantwortung ab – es beginnt beim Fahrkartenautomaten, geht über Bremshilfen beim Autofahren und reicht bis zu hochautomatischen Funktionen in Flugzeugcockpits und Kernkraftwerken. Wo die Fallstricke und Gefahren dieser Begegnungen zwischen Maschine und Mensch liegen, das erforscht die Ingenieurpsychologin Charlotte von Bernstorff an der Humboldt-Universität in Berlin.

Frau von Bernstorff, womit beschäftigt sich die Ingenieurpsychologie?

Es geht um die Interaktion zwischen Mensch und Technik aus zwei verschiedenen Blickwinkeln. Zum einen, wie das Wort schon sagt, steckt in diesem Arbeitsfeld der technische Blick des Ingenieurs. Aus dieser Perspektive untersuchen wir, wie technische Systeme gestaltet sein müssen, damit Menschen optimal mit ihnen umgehen können. Weil sich aber Technik so schnell verändert, wird dieses Anliegen durch den psychologischen Blick ergänzt, der den Menschen in den Fokus rückt. Wir fragen uns: Welche psychischen, vor allem kognitiven Voraussetzungen und Ressourcen müssen berücksichtigt werden, wenn Menschen mit Maschinen zusammenarbeiten?

Sie fragen: Wie ist der Mensch, der eine Maschine bedient?

Genau. Dabei betrachten wir in der Ingenieurpsychologie sowohl einfache Systeme wie einen Fahrkartenautomaten, den Laien benutzen, als auch komplexere Systeme, bei denen ein auf diese Maschine trainierter Mensch mit vielen automatischen Funktionen interagiert. Weil der Mensch ein sehr vielschichtiges Wesen ist, müssen wir immer eine Fülle von Faktoren beachten, die bei seinem Verhalten eine Rolle spielen. Das beginnt bei seiner Intelligenz und seiner Erfahrung, aber auch die Persönlichkeit spielt eine Rolle bei der Art, wie er mit einer Maschine kommuniziert. Darüber hinaus wirken sich auch seine körperlichen, seelischen und emotionalen Zustände aus.

Das alles fließt in die Interaktion zwischen Mensch und Maschine ein und will berücksichtigt werden. Besonders kritisch wird es, wenn es um einen Kontext geht, in dem Sicherheit eine Rolle spielt. Wenn wir es also beispielsweise mit Flugzeugen oder einem Kraftwerk zu tun haben.

Muss man sich eine Ingenieurpsychologin als einen Menschen vorstellen, der mit Hingabe technische Anleitungen liest und neue Computerprogramme ausprobiert?

Nein, das ist nicht so sehr meine Leidenschaft! Aber so denken wohl die meisten, vielleicht auch weil die Ingenieurpsychologie ein sehr männerdominierter Forschungsbereich ist. Sicherlich ist es in meinem Beruf hilfreich, eine Affinität zur Technik zu haben. Ich muss natürlich theoretisch über automatische Funktionen und auch über Interfaces und deren Gestaltung nachdenken, so nennen wir die Schnittstellen zwischen Mensch und Automatik. Aber wie Automatiken bis ins Detail funktionieren, muss ich nicht wissen, und ich muss sie auch nicht programmieren. Vorrangig interessiert mich, was der Mensch an kognitiven und psychischen Voraussetzungen für die Zusammenarbeit mit Maschinen mitbringt.

Wie kamen Sie zu dieser Fachrichtung?

Das Fach Ingenieurpsychologie habe ich schon früh in meinem Psychologiestudium für mich entdeckt. Den Ausschlag für diesen Schwerpunkt gab ein Seminar mit dem Titel »Fehler und Sicherheit in Mensch-Maschine-Systemen«. Dort besprachen wir beispielsweise die Reaktorunfälle in Tschernobyl und Harrisburg oder den Absturz der US-Raumfähre Challenger. Wir mussten für jeden dieser Unfälle die Ursachen analysieren und auf theoretische Modelle zur Entstehung von Fehlern in der Interaktion von Mensch und Technik zurückführen. Bei all diesen Unfällen wurden aktuelle Probleme von den verantwortlichen Menschen entweder nicht entdeckt, oder auf die Störmeldungen der Maschine wurde nicht wie erhofft reagiert.

Wie kann es denn passieren, dass die Technik Fehler meldet und Menschen darauf nicht richtig reagieren?

Das kann ganz unterschiedliche Gründe haben. Um eine grundsätzliche Ursache zu verdeutlichen, muss ich ein bisschen ausholen. Der Hintergrundgedanke, warum wir immer mehr Aufgaben an Maschinen abgegeben haben, ist folgender: Der Mensch gilt im Vergleich zur Automatik als eher unzuverlässig, er kann müde, nervös oder wütend werden, er kann unerfahren sein, und er ist nur begrenzt belastbar. Die Automatik arbeitet dagegen konstant und schnell, sie ist berechenbar und bricht auch bei großen Datenmengen nicht zusammen. Aus Sicherheitsgründen und wirtschaftlichen Erwägungen werden deshalb immer mehr Aufgaben vom Menschen an die Automatik übertragen.

Dem Menschen wird in diesen Systemen zunehmend eine passive Rolle zugewiesen: Er soll die hochautomatischen Prozesse vor allem überwachen und nur noch bei einem Störfall eingreifen. Bei den großen Passagiermaschinen ist es heute beispielsweise so, dass nur noch das Starten und Landen von der Cockpitcrew erledigt wird – die gesamte Flugstrecke läuft unter Steuerung des Autopiloten. Das bringt im Normalfall tatsächlich mehr Sicherheit, birgt aber auch einige Schwierigkeiten, die man vielleicht auf den ersten Blick nicht erkennt. Im Störfall muss der Mensch ad hoc und manchmal innerhalb von Sekunden eine Aufgabe übernehmen, die längst an die Automatik abgegeben wurde, mit der er also im schlechtesten Fall nicht mehr vollständig vertraut ist.

Die Menschen an den Maschinen geraten aus der Übung, die Piloten verlernen das Fliegen?

Genau, so könnte man salopp sagen. Es könnte auch sein, dass sie nur den Eindruck haben, aus der Übung zu sein. Das würde ihre Leistung in diesen Notfällen ebenfalls mindern. Neben dem mangelnden Auffrischen manueller und kognitiver Fähigkeiten gibt es ein anderes häufiges Problem: Der Mensch kann aus seiner passiven Rolle heraus nur schwer erkennen, in welchem Modus sich das hochautomatische System befindet. Wir sprechen hier von Situationsbewusstsein. Dabei handelt es sich um eine wichtige Variable in der Ingenieurpsychologie, die sich um folgende Fragen dreht: Inwieweit erkennt der Mensch, in welcher Situation sich die Maschine aktuell befindet und zukünftig sein wird? Kann er die Konsequenzen erkennen und dadurch die richtigen Handlungen einleiten? Wenn der Mensch im Notfall übernehmen soll, muss er bestimmte Signale wahrnehmen können und sie richtig interpretieren – und das manchmal innerhalb von Sekunden. Neben fehlender Routine und ungenügendem Situationsbewusstsein reagieren Menschen zudem manchmal nicht in der gewünschten Weise auf Signale des Systems, weil sie sich ungerechtfertigt auf die Automatik verlassen. Diesen Effekt nennen wir *complacency*, Nachlässigkeit. Es kommt vor, dass Menschen aus Bequemlichkeit – oder weil sie durch andere Aufgaben schon sehr beansprucht sind – nicht das Richtige tun.

Die Automatisierung macht nachlässig, weil wir uns in Sicherheit wiegen?

Ja. Das ist ein häufiges Phänomen, und es tritt sogar in besonders heiklen Situationen auf: Entweder übersehen Personen dann kritische Signale, in der Annahme, die Automatik habe diese Probleme im Griff. Oder Menschen folgen Vorschlägen oder Hinweisen einer

Automatik nahezu blind. Was das angeht, gibt es erstaunliche Berichte über Autofahrer: Da meldet ein Navigationssystem »Bitte rechts abbiegen« – und der Fahrer folgt diesem Hinweis, fährt von der Straße ab, eine Böschung hinunter, in einen See hinein, ohne andere Informationsquellen hinzuzuziehen, wie zum Beispiel aus dem Fenster zu sehen. Man kann manche dieser Szenarien kaum glauben, die in der Interaktion mit Technik zustande kommen. Aus vielen Studien wissen wir heute, dass es für den Menschen einfacher ist, mit einer »nicht perfekten« Maschine zusammenzuarbeiten – weil er sich dann nicht hundertprozentig auf das System verlässt und aufmerksam bleibt.

Unzuverlässige Maschinen sind besser, weil dem Menschen die Arbeit nicht zu leicht gemacht wird?

Die besten Ergebnisse in der Zusammenarbeit zwischen Mensch und Maschine werden in der Tat erzielt, wenn Menschen bei der Überwachung eines automatischen Systems bestimmte Aufgaben behalten, die sie aktiv erledigen müssen – so wird gewährleistet, dass der Mensch sich auch gedanklich intensiver mit dem System beschäftigt. Was das Erleichtern der Arbeit angeht, befinden wir uns auf einem schmalen Grat: Ein bisschen schwierig oder beanspruchend sollen technische Systeme ruhig sein, weil Menschen sonst das Interesse verlieren und ihre Aufmerksamkeit nachlässt. Andererseits darf ein System auch nicht zu anspruchsvoll sein. Wenn dem Nutzer zu viele Informationen rückgemeldet werden, strapaziert das seine kognitiven Kapazitäten und kann ihn überfordern.

Diese Frage nach dem richtigen Maß spielt auch bei Warnsignalen eine wichtige Rolle. Warnsysteme werden oft aus Sicherheits- und Haftungsgründen so eingestellt, dass sie sehr früh eine Meldung geben. So können die Konstrukteure im Schadensfall belegen, dass rechtzeitig Alarm ausgelöst wurde. Aus psychologischer Sicht ist das aber problematisch. Aus Forschungen wissen wir, dass zu frühe und falsche Warnungen dazu führen, dass Menschen die Signale nicht mehr ernst nehmen. Wir nennen das den *cry wolf*-Effekt. Der Name geht auf eine Fabel zurück, in der ein Hirtenjunge fälschlich die Dorfbewohner vor einem Wolf zu Hilfe ruft. Als der Wolf später tatsächlich auftaucht und er wieder Alarm schlägt, kommt ihm aber keiner mehr zu Hilfe. Sie kennen diese Wirkung vielleicht vom Rückwärtseinparken mit einer akustischen Einparkhilfe – sie springt so schnell an, dass geübte Fahrer den Warnton ignorieren und dessen ungeachtet weiter zurücksetzen.

Womit beschäftigen Sie sich in Ihrer Forschungsarbeit konkret?

Mein Thema ist die »kooperative Automatisierung«, es geht dabei um die grundsätzliche Frage: Wie können Mensch und Automatik so kommunizieren und miteinander arbeiten, dass ein bestmögliches Ergebnis herauskommt? Wegen der genannten Probleme in der Mensch-Maschine-Interaktion haben sich die Forschungsschwerpunkte in diesem Arbeitsfeld in jüngster Zeit verändert. Wir fragen heute weniger danach, was der Mensch besser kann und was wir der Automatik überlassen sollten. Statt diesen beiden – Mensch und Automatik – ausschließlich bestimmte Tätigkeiten zu übertragen, suchen wir nach Lösungen, wie sie sich den Stab der Verantwortung für bestimmte Aufgaben hin- und hergeben und auf diese Weise kooperieren können. Ziel ist, den Menschen so intensiv wie nötig, jedoch so wenig wie möglich in den Steuerungsprozess einzubeziehen. Zumindest soll ihm das Gefühl gegeben werden, er sei am Prozess beteiligt.

Gibt es für so eine Kooperation von Mensch und Maschine schon Beispiele?

Ja, ein einfaches Beispiel wäre das ESP (elektronisches Stabilitätsprogramm), das man serienmäßig in Fahrzeugen findet und das auf so einer Zusammenarbeit basiert. Es sorgt dafür, dass einzelne Räder gezielt von einer Automatik gebremst werden, wenn das Fahrzeug schleudert oder aus der Spur auszubrechen droht, beispielsweise weil ein Fahrer sehr stark bremst oder zu schnell in eine Kurve fährt. Wir sprechen hier von einer »adaptiven Automatik«, weil sie sich an das Fahrverhalten anpasst. Sie greift nur dann ein, wenn das Fahrzeug Gefahr läuft, auszubrechen oder zu kippen, und überlässt dem Fahrer sonst die Kontrolle.

Mit welchen Experimenten arbeiten Sie?

Wir haben an unserem ingenieurpsychologischen Lehrstuhl der Humboldt-Universität ein eigenes Laborsystem entwickelt, das uns tiefere Erkenntnisse in die Vorgänge bei der Mensch-Maschine-Interaktion geben soll. Im Moment führen wir eine Reihe von Studien durch, in denen das »komplexe automatische System« durch zwei Menschen repräsentiert wird. Diese arbeiten in der Funktion von »Fahrern«, die mithilfe von Joysticks ein kleines Objekt zu einem Ziel steuern. Die Hauptperson, die mich in dieser Studienreihe interessiert, ist der sogenannte Operateur, wie wir den Menschen in der Aufsichtsposition nennen. Er sieht ein Bild des Streckenabschnitts, wie ihn auch die Fahrer gezeigt bekommen, und zusätzlich eine Streckenvorschau. Letztere verschafft ihm einen Vorteil gegenüber den Fahrern, denn mit ihrer Hilfe kann er voraussehen, welche Kurven und Kreuzungen als Nächstes auf die beiden Fahrer zukommen. Der Operateur hat die Aufgabe, die Fahrer zu unterstützen, zu überwachen und gegebenenfalls steuernd einzugreifen.

Der Operateur arbeitet so ähnlich wie ein Fluglotse?

Ja, in etwa. Uns interessiert der Einfluss des Operateurs. Wir fragen uns: Wird die Leistung der Fahrer besser, wenn er steuernd eingreift? Damit er sich auch einmischt, geben wir ihm die Anweisung, den Fahrern zu helfen, mit Hinweisen wie »bitte schneller fahren«, »langsamer«, »abbremsen« oder »genauer fahren«. Uns interessiert dabei auch sein Situationsbewusstsein: Wenn der Operateur etwa sieht, dass das von den beiden gesteuerte Objekt auf eine Gabelung zufährt – was die Fahrer wegen ihres kleineren Streckenausschnitts nicht wissen können –, wie hilft er ihnen durch die Situation? Gibt er Hinweise abzubremsen, oder schlägt er eine Richtung vor? Also: Handelt er vorausschauend, sieht er, wo das Objekt sich befindet, das heißt, in welchem Zustand sein System ist? Wir schauen dabei insbesondere auf sein Verhalten und seine emotionale Verfassung: Wie viele Anweisungen gibt er wie häufig und an wen? Ist er angestrengt, ungeduldig, verliert er die Lust oder wird er wütend?

Die beiden Fahrer können den Operateur weder sehen noch mit ihm sprechen?

Genau. Sie wissen nicht einmal, dass sie von einem Menschen unterstützt werden.

Warum sollen die Fahrer denken, dass sie von einer Automatik gesteuert werden?

Das machen wir aus Kontrollgründen: In späteren Untersuchungen wird es tatsächlich eine Automatik sein, die den beiden hilft. So sichern wir schon jetzt ab, dass die Fahrer stets dieselbe Einstellung gegenüber der unterstützenden Instanz haben und nicht persönlich reagieren, weil sie dem Operateur eine bestimmte Laune unterstellen. Auch aus diesem Grunde kann er mit den beiden Fahrern nur über standardisierte Kommandos kommunizieren. Was dem Operateur zusätzlich nützen kann bei seiner Arbeit: Er sieht die Gesichter und Oberkörper der Fahrer als kleines Echtzeitvideo auf seinem Bildschirm. Das haben wir so eingerichtet, um zu prüfen: Nutzt der Operateur dieses Video, um einzuschätzen, wie es den beiden Fahrern geht? Kann er aus ihrer Sitzhaltung, aus ihrem Gesicht lesen, ob sie gestresst oder eher gelangweilt sind? Und wenn ja, geht er auf diese nonverbalen Signale ein und stimmt sein Verhalten darauf ab?

Sie vermuten, der Operateur erkennt den Stress der Fahrer und nimmt Rücksicht, indem er beispielsweise das Tempo drosselt?

Das ist genau der Punkt. Unsere Studien zeigen: Er ist tatsächlich in der Lage, Stress oder Wut bei den Fahrern zu erkennen und zu vermindern, das komplexe System also zu entlasten. Der menschliche Operateur nimmt den Stress offenbar wahr und tut genau das Richtige, um ihn zu reduzieren. Wie er das genau schafft – ob beispielsweise mit weniger Anweisungen oder auf andere Art –, da sind wir in der Auswertung und wissen es noch nicht. An diesem Beispiel wird die generelle Bedeutung des Menschen in den hochautomatisierten Systemen klar: Wir brauchen ihn noch. Denn zum einen gibt es die hundertprozentig zuverlässigen und selbständigen Systeme nicht. Zum anderen können Menschen in diesen Prozessen auch etwas Besonderes leisten, wozu Maschinen nicht in der Lage sind. Daher macht es Sinn, zu schauen, wie beide Komponenten – Mensch und Maschine – optimal mit ihren jeweiligen Stärken ins Spiel gebracht werden und sich gegenseitig so ergänzen, dass sie gemeinsam besser sind als einer allein.

Charlotte von Bernstorff ist gelernte Werbekauffrau und begann 2003 ihr Studium der Arbeits- und Organisationspsychologie an der Humboldt-Universität zu Berlin. Nach ihrem Studienabschluss als Diplompsychologin erhielt sie ein Stipendium zur Promotion in ihrem Wahlfach Ingenieurpsychologie. Ihr Forschungsschwerpunkt liegt in der Eignungsdiagnostik von Operateuren in der Zusammenarbeit mit automatischen Systemen.

DIE PERSONAL-PSYCHOLOGIN

Keine Angst vor Autoritäten

Wer als Psychologin in der Personalabteilung einer großen Firma arbeitet, sollte Stress nicht fürchten: Da ist ein Streit unter Mitarbeitern zu schlichten, da muss eine Abmahnung ausgesprochen werden, da will eine Führungskraft bei der Personalauswahl beraten werden. Der Diplompsychologin Sophie Grothusen gefällt die große Verantwortung, die ihr Job mit sich bringt.

Frau Grothusen, Sie arbeiten im Unternehmen Rolls-Royce als »HR Business Partner«. Können Sie uns erklären, was das bedeutet?

Ich arbeite in der Abteilung Human Ressources, kurz HR, das ist der englische Ausdruck für Personalabteilung. Meine Position hier als Business Partner bedeutet, dass ich für die Führungskräfte zuständig bin und sie bei allen personalbezogenen Aufgaben unterstütze. Aber ich bin nicht für sämtliche Vorgesetzte zuständig, sondern jeder Business Partner betreut bestimmte Teilbereiche des Konzerns.

Für welche Führungskräfte sind Sie die Ansprechpartnerin?

Im Unternehmen gibt es insgesamt vier Führungskräfteebenen. Es beginnt, von oben gesehen, bei der Geschäftsführung, dann kommen die Bereichsleiter, die Abteilungsleiter und die Teamleiter. Ich habe die genaue Zahl nicht im Kopf, aber hier am Standort Dahlewitz sind bestimmt 150 Mitarbeiter mit Führungsverantwortung tätig. Wir sind vor Ort vier Business Partner, jeder ist verschiedenen Geschäftsbereichen zugeteilt. Ich arbeite im Unternehmenszweig der zivilen Luftfahrt und betreue innerhalb dessen die Bereiche *Engineering* und *Manufacturing*. Das bedeutet, zum einen unterstütze ich die Vorgesetzten der Ingenieure, die hier vor Ort die Triebwerke entwickeln. Zum anderen bin ich Ansprechpartnerin für die Chefs der Mitarbeiter im Bereich Herstellung, die die Triebwerke hier in den Hallen zusammenbauen und reparieren. Und das finde ich in meinem Arbeitsbereich sehr schön: das konstruktive Zusammenspiel zwischen ganz unterschiedlichen Mitarbeitern und Arbeitskulturen.

Was gehört noch zu Ihrer Arbeit?

Das sind ganz unterschiedliche Dinge. Abgesehen von dieser Projektarbeit, bei der wir die Führungskräfte bei der Einführung von Neuerungen unterstützen, sind wir auch für die Konfliktbearbeitung zuständig, die wir bei Rolls-Royce *Case Management* nennen. Darunter fallen verschiedene Aufgaben, es beginnt bei der Schlichtung eines Streits unter Mitarbeitern und reicht bis zu den Disziplinarmaßnahmen wie Abmahnungen oder Kündigungen, für die wir als Business Partner auch zuständig sind.

Können Sie uns ein Beispiel für so ein Case Management geben?

Das können unterschiedliche Probleme oder Vorfälle sein, mit denen eine Führungskraft unseren Rat beziehungsweise unsere Unterstützung sucht: Mitarbeiter verweigern die Arbeit, kommen regelmäßig zu spät oder überziehen die Pausenzeiten. Es kommt auch mal vor, dass jemand ungehalten gegenüber anderen ist oder sich abfällig über einen Kollegen äußert. Wenn so etwas passiert und die Führungskraft mit ihrem Latein am Ende ist, wie sie den Mitarbeiter zu einem anderen Verhalten bewegen kann, dann kommt sie zu mir. Ich bitte dann die beteiligten Mitarbeiter zum Gespräch und versuche zu schlichten – und in letzter Konsequenz muss ich dann eine Abmahnung schreiben oder sogar eine Kündigung einleiten. Das kommt aber zum Glück nur sehr selten vor. Dabei ist wichtig, nicht nur die Disziplinarmaßnahme umzusetzen, sondern zu versuchen, den Mitarbeiter trotz dieser Maßnahme nicht völlig zu demotivieren. Eine Abmahnung ist für die meisten starker Tobak, denn sie bedeutet: Wenn sich das Verhalten wiederholt, führt das zu einer Kündigung.

Mit welcher Methode arbeiten Sie bei diesen Konfliktgesprächen?

Wenn ein Streit vorliegt, lade ich meist beide Seiten getrennt ein, zunächst den Mitarbeiter, der beschuldigt wird. Dann versuche ich erst einmal, seine Sicht zu verstehen. Anschließend spreche ich mit seinem Gegenspieler in dieser Sache und dann mit dem Teamleiter, dem ich eine Empfehlung für das weitere Vorgehen gebe. Auch vonseiten der Mitarbeiter mit Personalverantwortung passieren ja manchmal Fehler: Der Chef hat vielleicht nie wirklich gesagt, welches Verhalten er von seinem Mitarbeiter erwartet. Solche Missverständnisse kommen immer wieder vor.

Lernt man all das eigentlich im Psychologiestudium?

Konkrete Methoden, die man aus dem Studium mitnimmt, gibt es für all diese Gespräche nicht. Die Vorstellung, dass man sein Wissen von der Hochschule genauso in einem Unternehmen anwenden kann, ist nicht realistisch. Von dieser Idee sollte man sich verabschieden. Denn zum einen hat jede Firma ihre eigene Philosophie, und zum anderen kann man die Forschungsergebnisse nicht eins zu eins in ein »echtes« Arbeitsumfeld übertragen. Natürlich nimmt man manche Methoden aus dem Studium mit, die hilfreich sind. Beispielsweise für die Jobinterviews, die nach vorher festgeschriebenen Leitfäden geführt werden, in denen Fragen in einer bestimmten Reihenfolge gestellt werden. Dieses Wissen wende ich im Berufsalltag regelmäßig an. Aber was die Klärungsgespräche betrifft, arbeite ich mit psychologischem Basiswissen nach einem eigenen Konzept und lerne durch die Erfahrung ständig dazu.

Wenn Sie eine Abmahnung schreiben müssen, fällt Ihnen das schwer?

Nein, denn ich bestrafe ja keinen unbescholtenen Mitarbeiter. Eine Abmahnung ist das letzte Instrument vor einer Kündigung. Bevor ich das also tue, muss schon sehr viel vorgefallen sein: Da sind dann schon Gespräche gelaufen, da sind vielleicht schon weitere Maßnahmen ergriffen worden – erst wenn das alles nicht gefruchtet hat, kommt man mit solchen wirklich offiziellen Maßnahmen.

Was gehört noch zu Ihren Aufgaben im Unternehmen?

Wir unterstützen die Führungskräfte bei konkreten Projekten und Maßnahmen zur Weiterentwicklung. Ich gebe Ihnen ein Beispiel: Hier im Konzern ist man der Überzeugung, dass unsere Ingenieure die wichtigste Ressource der Firma darstellen. Weil sie es sind, die die Triebwerke entwickeln und laufend verbessern. Nun gibt es in diesem breiten Feld der Fachleute einige wenige, die in einem bestimmten technischen Spezialgebiet, beispielsweise der Aerodynamik, über ein ganz besonderes Detailwissen verfügen. Diese Mitarbeiter, Koryphäen auf ihrem Gebiet, sind für den Betrieb besonders wertvoll. Immer wenn irgendwo auf der Welt eine spezielle Fragestellung mit einem Triebwerk auftritt, werden diese Leute eingeflogen, um neue Ideen mitzubringen, zur Lösung beizutragen oder eine Verbesserung zu entwickeln.

Obwohl sie hoch geschätzt werden, gab es für diese Mitarbeiter aber bis vor kurzem keine festgelegte Karrierestruktur. Aus dieser Situation heraus hat das Unternehmen ein Projekt ins Leben gerufen, das nun global im Konzern ausgerollt wird: Es bietet diesen Spezialisten die Möglichkeit, eine Karriereleiter hinaufzuklettern. Mit dieser neuen Einstufung können sie die gleiche Gehaltsstufe und dieselben Gratifikationen bekommen wie beispielsweise ein Abteilungsleiter. Dahinter steckt die Idee, dass wir ein bestimmtes technisches Spezialistentum genauso anerkennen möchten wie die Führungsverantwortung. Das haben wir nun getan, das Projekt wird gerade eingeführt.

Sind Sie auch für Personalauswahl zuständig?

Wir als Business Partner wählen vor allem Führungskräfte aus, also ab Teamleiterlevel aufwärts. Und manchmal sind wir auch in die Auswahl von bestimmten Spezialisten eingebunden. Bei Vorstellungs- oder Auswahlgesprächen von anderen Mitarbeitern sind wir nicht dabei. Wir begleiten die Führungskraft, den sogenannten *Hiring Manager*, den direkten Vorgesetzten der Person, die eingestellt werden soll. Ihm helfen wir bei der Auswahl der Bewerber und bieten Unterstützung bei den Einstellungsgesprächen an. Zunächst schauen wir gemeinsam: Welche Kompetenzen möchten wir für diesen Beruf haben? Dann nutzen wir strukturierte Interviewleitfäden und helfen, die für diese Stellung und für diesen speziellen Bewerber geeigneten Fragen auszuwählen. Die Führungskräfte sind meistens sehr gut darin, in einem Bewerbungsgespräch die Fachfragen zu stellen. Ob der Bewerber ein fähiger Ingenieur ist, ob er sich mit den Triebwerken gut auskennt – das kann ich nicht beurteilen. Ich versuche mit meinem Expertenwissen herauszufinden: Passt dieser Mensch ins Unternehmen? Bringt er die persönlichen Voraussetzungen dazu mit? Ist er ein Mitarbeiter, wie wir ihn uns wünschen? Wenn es um eine Führungsposition geht: Hat er schon mal Leute geführt, wie würde er Menschen motivieren?

Was würden Sie über Ihren eigenen Beruf sagen: Gibt es Eigenschaften, die für Ihre Arbeit günstig oder sogar nötig sind?

Ich weiß nicht, ob das wirklich eine Eigenschaft ist, aber man braucht für diese Arbeit ein sehr starkes Durchsetzungsvermögen und vielleicht ein bisschen Charisma. Man hat es den ganzen Tag mit Führungskräften zu tun und fast nur mit Männern. Um diesen Männern als Frau, als Nichtingenieurin etwas entgegenzusetzen, muss man sehr selbstbewusst auftreten. Denn es kommt vor, dass ich etwas durchsetzen muss, was diese Führungskräfte nicht so toll finden. Man darf sich also von all diesen Männern in hohen Positionen nicht einschüchtern lassen. Man sollte also nicht zu empfindlich sein – und man darf keine Angst vor Autoritäten haben. Auch nicht, wenn man der Geschäftsführung gegenübersitzt. Man muss sich da hinstellen können und gegebenenfalls diesem Menschen sagen, was möglich ist – und was eben nicht.

Kann man das Selbstbewusstsein lernen, oder muss man es mitbringen?

Die Veranlagung muss man wohl weitgehend mitbringen. Aber man lernt natürlich durch Übung dazu und kann sich auch eine Menge bei den Führungskräften abschauen. Beispielsweise was die Körperhaltung angeht, das Gestikulieren und Sprechen. Wenn man nicht verhuscht zu Boden schaut und sich auch sonst nicht versteckt, sondern den klaren, offenen Blick zu anderen sucht, schafft man eine ganz andere Präsenz der eigenen Person.

Sophie Grothusen studierte an der Humboldt-Universität in Berlin Diplompsychologie mit dem Schwerpunkt Arbeits-, Betriebs- und Organisationspsychologie. Während des Studiums besuchte sie auch Seminare zur Ingenieurpsychologie. Als sie im August 2008 ihr Diplom machte, hatte sie bereits mehrere Praktika und Jobs als Werkstudentin in verschiedenen Firmen absolviert. Seit 2009 arbeitet sie fest angestellt bei Rolls-Royce Deutschland am Standort Dahlewitz bei Berlin.

DER WERBE-PSYCHOLOGE

Wie ticken Konsumenten?

Ohne Werbung kann kein Produkt an den Mann oder die Frau gebracht werden. Doch wie erreicht man potenzielle Kunden? Und wie stärkt man ihre Loyalität gegenüber einer Marke? Hier kommt der Werbepsychologe Joost van Treeck ins Spiel, der sich auch »Kundenbeziehungstherapeut« nennt.

Wie sind Sie zur Werbepsychologie gekommen – hatten Sie schon als Kind Spaß daran, beim Einkaufen die verschiedenen Produkte anzuschauen?

Daran kann ich mich nicht erinnern. Allerdings ist mein Vater Werbegrafiker. Ich bin schon als kleiner Junge zwischen seinen Schreibtischen herumgekrabbelt, habe als Jugendlicher manchmal in seinem Büro ausgeholfen. Was eine gute Werbung ist und was nicht, das ist bei uns zu Hause durchaus Gesprächsthema gewesen.

Jeder, der eine Ware verkaufen will, möchte wissen, ob die Werbung den Kunden so beeinflusst, dass er das Produkt tatsächlich zur Kasse trägt. Als Werbepsychologe ist es Ihr Job, zu erklären, wie Konsumenten ticken. Helfen Sie dabei, Menschen zu manipulieren?

Es geht in der Tat bei meiner Arbeit darum, herauszufinden: Wie kann ich die Einstellung zu einem Produkt so beeinflussen, dass es auch gekauft wird? Das klingt zunächst wirklich nach Manipulation. Aber es ist harmloser. Man wird es nicht schaffen, jemanden davon zu überzeugen, ein bestimmtes Auto für 50 000 Euro zu kaufen, wenn er das nicht möchte. Das Einzige, was Werbung bewirken kann: dass jemand, der sich ein Auto kaufen möchte und schon einige Modelle von verschiedenen Herstellern in die engere Wahl gezogen hat – dass dieser Mensch überzeugt wird, einen bestimmten Wagen zu wählen, anstelle eines anderen Autos.

… oder anstelle eines Elektrofahrrads?

Nein, diese Alternative hat der Mensch nicht auf dem Zettel. Wer sich ein neues Auto anschaffen will, überlegt nicht, ob er lieber für das gleiche Geld drei Kleinwagen kauft, die weniger Benzin verbrauchen, oder zehn Elektrofahrräder oder ob er das Geld lieber an eine gemeinnützige Organisation spendet. Man kann mittels Werbung versuchen, Wünsche hin zu einem bestimmten Produkt zu steuern. Aber Menschen grundsätzlich umlenken auf Waren, die für ganz andere Bedürfnisse stehen, das kann Marketing nicht leisten.

Nach Ihrem Studium der Psychologie haben Sie einen Job in einer renommierten Werbeagentur bekommen – wie kam es dazu?

Das ergab sich, ohne dass ich es geplant hätte. Es war Anfang 2007, da kam Thomas Zervos, strategischer Planer von der Werbeagentur Jung von Matt, an die Universität Hamburg. Die Agentur hatte gerade den Titel »erfolgreichste Werbeagentur der Welt« bekommen. Zervos suchte professionelle psychologische Unterstützung für einen Kunden, einen Automobilhersteller, in der Frage, wie man unzufriedene Kunden besänftigen kann. Der klassische Weg einer Werbeagentur wäre gewesen: Man denkt sich ein besonderes Geschenk aus – vielleicht eine Baseballkappe oder eine Karte für ein Autorennen – und hofft, dann ist alles wieder in Ordnung. Aber Thomas Zervos, selbst kein Psychologe, sondern Jurist, hat damals schon erkannt: Kunde und Marke stehen ja in einer Beziehung zueinander, man sollte mal schauen, ob hier nicht ähnliche Regeln gelten wie etwa in einer Paarbeziehung. So kam er zu den Psychologen.

Woher wusste der Hersteller überhaupt, dass seine Kunden unzufrieden waren?

Dass es Kunden gibt, die unzufrieden sind, ist nichts Besonderes, damit haben alle Firmen zu kämpfen. Aber herauszufinden, welcher Kunde genau genervt oder enttäuscht ist, das ist eine knifflige Aufgabe. Man spricht auch von einem Eisbergmodell: Es sind nämlich nur etwa zehn Prozent der unzufriedenen Kunden, die aktiv werden und sich beschweren – die anderen 90 Prozent wechseln einfach wortlos zur Konkurrenz. Das gilt übrigens für alle Arten von Waren. Ein Kunde, der im Supermarkt Kekse für 1,79 Euro kauft, ist enttäuscht, wenn das Gebäck trocken ist. Er bleibt aber fast immer stumm – und kauft einfach die Marke nie wieder.

Und wie kommt ein Hersteller an die enttäuschten Kunden heran, wenn sie sich nicht beschweren?

Ich formuliere es mal allgemein: Der Hersteller nutzt alle vorhandenen Strukturen – seine Vertriebsleute, Verkäufer und die Telefonservicecenter –, um seine Ohren offenzuhalten, welcher Kunde Grund zur Verärgerung haben könnte. Zusätzlich baut er Alarmsysteme ein. Sobald eine Häufung von untypischen Vorfällen auftritt – beispielsweise wenn mehr Anrufe bei den Hotlines oder in den Werkstätten eingehen –, geht bei ihm eine Glocke an. Er weiß: Kunden sind mit diesem oder jenem Produkt wahrscheinlich unzufrieden, ich muss mich darum kümmern.

Was waren sonst noch Ihre Aufgaben bei diesem Projekt?

Der Hauptteil bestand im Aufbau des eben genannten Systems, um die unzufriedenen Kunden überhaupt erst einmal auszumachen. Die Aufgabe war sehr umfangreich. Sie schloss beispielsweise ein, dem Hersteller ganz neue Sichtweisen in Bezug auf seine Kunden nahezubringen. Beispielsweise, dass die Ausgangsfrage für den Umgang mit den unzufriedenen Kunden nun nicht mehr lauten sollte: Wie hoch ist der Schaden, den der Kunde erlitten hat? Sondern dass es wichtiger ist, zu schauen: Wie beschädigt ist die Beziehung zwischen Kunde und Marke? So ein Umdenken ist wichtig, denn wie verärgert ein Kunde tatsächlich ist, lässt sich nur selten an dem finanziellen Schaden, den er erlitten hat, ablesen.

Eine weitere Empfehlung an den Hersteller lautete, sich von der konventionellen Haltung zu verabschieden, dass Kunden, die häufiger oder teurere Produkte kaufen, für das Unternehmen wertvoller sind und besser behandelt werden sollen. Diese Philosophie zieht sich bis heute durch alle Branchen. Diese Denkweise ist aber längerfristig wenig sinnvoll: Für einen Hersteller zählt nicht nur der kurzfristige monetäre Gewinn, vor allem die Pflege der Beziehung zum Kunden zahlt sich langfristig aus. Der Kunde, so lauteten die Ergebnisse meiner Forschungen, sollte daher analog zu seiner Beziehung zur Marke behandelt werden – ein langjähriger und loyaler Kunde ist wichtiger als einer, der einmalig eine teure Ware kauft.

Die Loyalität der Kunden zu einem Produkt war ja auch Thema Ihrer Dissertation.

Ja, genau. In meiner Doktorarbeit habe ich mich mit der Psychologie der Kundenbindung beschäftigt. Dazu habe ich erst einmal versucht, den Begriff der Loyalität zu klären. Einfach gesagt, liegt Loyalität dann vor, wenn der Kunde trotzdem bleibt. Obwohl etwas vorgefallen ist, obwohl er echte Alternativen hat. Außerdem fand ich heraus, dass bisher »Zufriedenheit« und »Loyalität« im Marketing als dasselbe Phänomen galten. Das ist aber gar nicht der Fall: Es gibt einerseits Kunden, die einer Marke treu bleiben, obwohl sie damit nicht glücklich sind. Das könnte auf eine alleinerziehende Mutter zutreffen, die ihre Waren in einem Billigdiscounter kauft. Das tut sie dann nicht aus Loyalität, sondern weil sie gar keine andere Wahl hat, die Familie satt zu kriegen. Und andererseits kennen wir Käufer, die mit einer Ware prinzipiell sehr zufrieden sind, aber dennoch die Marke wechseln. Das gibt es nämlich auch.

Warum sollte ein zufriedener Kunde denn die Marke wechseln?

Stellen Sie sich jemanden vor, der jahrelang eine bestimmte Automarke gefahren ist, er hat immer die neuesten Modelle gekauft. Dann ist er einmal sehr enttäuscht worden – vielleicht hat ihn ein Händler schlecht beraten, oder er musste mit dem Auto gleich nach dem Kauf in die Werkstatt. Für diesen Kunden war das Erlebnis so einschneidend, dass er sich sagt: Nie wieder! So lass ich mich nicht behandeln! Wenn dann dieser Hersteller ein paar Jahre später das nächste Modell herausbringt und Sie diesen Mann fragen, wie ihm das neue Auto gefällt, dann sagt er: Super, das Auto finde ich ganz toll! Aber ich kaufe es trotzdem nicht! Wenn ich daran denke, wie die damals mit mir umgegangen sind ...!

Und dann ist der Kunde auf ewig beleidigt?

Meist glätten sich die Wogen irgendwann wieder. Das läuft ganz ähnlich wie in einer Paarbeziehung: Einem langjährigen Partner gegenüber sind wir eher geneigt, schlechte Phasen zu verzeihen. Aus der Paarforschung wissen wir, dass es vor allem die gemeinsam überwundenen Krisen sind – und nicht etwa die Hochstimmung der guten Zeiten –, aus denen sich eine Prognose für das Weiterbestehen einer Bindung ableiten lässt. Und das ist in der Beziehung zwischen Marke und Kunde genauso: Gemeinsam überwundene Krisen festigen die Beziehung. Diese Erkenntnis ist für Hersteller sehr wichtig. Denn sie bedeutet: Wenn er es schafft, dass der unzufriedene Kunde ihm wieder gewogen ist, schweißt das beide noch enger zusammen.

Und wie holt der Hersteller einen beleidigten Kunden wieder ins Boot?

Mit den bekannten Geschenken, die in diesen Fällen üblich sind, ist das jedenfalls so eine Sache. Sie können sogar das Gegenteil bewirken. Immer wenn ich das den Marketingmenschen, die fast alle Männer sind, verdeutlichen möchte, stelle ich folgende Frage: Liebe Herren, wie reagiert denn wohl Ihre Frau, wenn Sie ihr heute Abend einen besonders schönen Blumenstrauß mitbringen? Die meisten sagen: »Oh, das darf ich nicht machen, dann wird meine Frau misstrauisch!« Das ist genau der Punkt. Ein ähnliches Phänomen fanden wir auch in der Beziehung zwischen Hersteller und Kunde: Es kann sein, dass der Kunde durch die Aufmerksamkeit gerade ins Grübeln gerät. Er überlegt, ob der Schaden vielleicht viel schlimmer war, als er gedacht hatte, und kann misstrauisch werden.

Die Forschungen haben ergeben: Geschenke sind sinnvoll, wenn sie den Beziehungscharakter unterstützen. Das könnte beispielsweise eine Einladung zu einer persönlichen Werksführung sein. Das wäre eine Maßnahme, dass der Kunde sich wertgeschätzt fühlt. Und wahrscheinlich auch mehr Verständnis für etwaige Fehler entwickelt, wenn er bei so einem Gang durch die Produktionshallen sieht, wie die Mitarbeiter diese hochkomplexen Wagen zusammenschrauben.

Sie haben drei Jahre für die Werbeagentur gearbeitet – und haben dann Ihr Herz für die Lehre entdeckt. Welche Fächer lehren Sie an der Hochschule Fresenius?

Ich bin Studiengangsleiter für den Masterstudiengang in Wirtschaftspsychologie. Zu den Fächern, die ich lehre, gehören Werbe- und Marktpsychologie, Psychologie der Markenführung. Außerdem leite ich Veranstaltungen zu den psychologischen Gestaltungsaspekten der Werbung in Wirtschafts- und Sozialpsychologie.

Ganz aufgegeben haben Sie die Agenturarbeit aber nicht. Sie arbeiten freiberuflich als Werbepsychologe.

Richtig. Aktuell bin ich im sogenannten Targeting, der Zielgruppenfestlegung tätig. Der Hintergrund ist folgender: Damit Werbemaßnahmen nicht größtenteils verpuffen, versuchen Hersteller sie möglichst genau zu platzieren. Bisher verließen sich die Hersteller dazu auf die üblichen soziodemografischen Daten wie Alter, Geschlecht, Einkommen und Familienstand. Das macht auch Sinn, denn Sie können einem Auszubildenden wahrscheinlich keine teure Kreuzfahrt verkaufen und einem gut situierten Senioren kein billiges Skateboard. Meine Aufgabe ist, noch einen Schritt weiterzugehen und den Kunden psychologisch anzusteuern, seine Vorlieben und Abneigungen, aber auch Einstellungen, Werte und Motive zu berücksichtigen.

Wie finden Sie das heraus, woher bekommen Sie die Daten?

Da sind richtige kleine Forschungsarbeiten. Man muss möglichst viel über die Menschen herausfinden, die schon Kunden sind. Anhand ihrer Vorlieben lässt sich dann einschätzen, auf welchen Webseiten mögliche Kunden sich aufhalten. Beispielsweise konzipiere ich Studien, in denen Kunden uns über ihre Interessen und Neigungen Auskunft geben. Dazu nutze ich psychologische Instrumente wie Verfahren zum Erfassen von bestimmten Persönlichkeitseigenschaften und Motiven. Mit diesen Werkzeugen ordne ich die Personen dann in sinnvolle Gruppe ein: beispielsweise Menschen, die von ihrer Persönlichkeitsstruktur eher an neuen Dingen interessiert sind – bei denen sich also Werbung für ein brandneues Produkt viel eher lohnt als bei anderen, die eher konservativ eingestellt sind.

Neben dieser Tätigkeit im *Targeting* arbeite ich derzeit noch für ein weiteres Projekt einer anderen Agentur. In diesem Rahmen entwickle ich für einen Hersteller ein Verlaufskonzept zu möglichen

Kundenwünschen. Hier geht es darum, die verschiedenen Stadien – von Nichtkunde über Interessent bis zum Kunden – darzustellen. Anders als bisher orientieren sich die Stufen an zwischenmenschlichen Beziehungsstadien, von Flirt über Bekanntschaft zu Freundschaft. So entsteht eine neue Sichtweise darüber, welche unterschiedlichen Anliegen ein Interessent oder Kunde an die Marke in den unterschiedlichen Beziehungsstufen hat. Man sieht an dieser Art des Auftrags, dass bei den Herstellern gerade ein Umdenken stattfindet. Sie beschränken sich nicht mehr darauf, zu schauen, wie man schnell an neue Kunden kommt, sondern wollen auch auf lange Sicht an der Kundenpflege arbeiten. Meine Prognose ist: In zehn Jahren werden Sie keine Angebote mehr haben wie: »Werden Sie jetzt Kunde bei uns, dann bekommen Sie 150 Euro geschenkt.« Sondern dann wird es heißen: »Du als langjähriger Kunde bist mir viel wert – ich möchte dir für deine Loyalität etwas Gutes tun!«

Prof. Dr. Joost van Treeck studierte Diplompsychologie mit den Studienschwerpunkten Klinische Psychologie und Arbeits- und Organisationspsychologie. Nach dem Abschluss arbeitete er als »strategischer Planer« bei der Hamburger Werbeagentur Jung von Matt. Seit 2011 ist er an der Hochschule Fresenius in Hamburg Studiendekan für den Masterstudiengang Wirtschaftspsychologie. Außerdem ist Joost van Treeck freiberuflich für die Werbung tätig.

DER VERKEHRS-PSYCHOLOGE

Intelligente Straßen – vernünftige Verkehrsteilnehmer?

Bernhard Schlag leitet die Professur für Verkehrspsychologie an der TU Dresden. Der Diplompsychologe forscht seit vielen Jahren zum menschlichen Verhalten im Straßenverkehr.

Stimmt es, dass die Verkehrspsychologie ihre Wurzeln in Deutschland hat?

Ja, das ist etwa 100 Jahre her. Damals ging es um das Führen der ersten Verkehrsmittel, Lokomotiven und Straßenbahnen. Man war sehr schnell der Auffassung, dass es sich dabei um Tätigkeiten handelt, die hohe Qualifikationen erfordern. Für Psychologen leiteten sich daraus zwei Handlungsfelder ab: erstens die geeigneten Menschen für diese Arbeit auszuwählen und zweitens diese dann auch entsprechend zu schulen. Mit der Popularisierung des Kraftfahrens ging es bald nicht mehr nur um Berufskraftfahrer. Es tat sich ein bis heute breites Anwendungsfeld der Verkehrspsychologie auf, die Diagnostik und Rehabilitation auffälliger Kraftfahrer.

Handelt es sich bei der Verkehrspsychologie um Grundlagenforschung oder angewandte Psychologie?

Man kann dieses Fach zunächst einmal der angewandten Psychologie zuordnen, weil es häufig darum geht, psychologische Erkenntnisse auf praktische Fragen des weiten Feldes Verkehr anzuwenden. Aber ich halte von dieser Unterscheidung nicht viel. Die Verkehrspsychologie ist ein schönes Beispiel dafür, wie brüchig diese Trennung ist. Es gibt eine ganze Reihe von Erkenntnissen, die in der Verkehrsforschung gewonnen wurden und in das psychologische Grundlagenwissen eingeflossen sind. Ein Beispiel stellen die Studien über menschliche Blickbewegungen dar. Wo Menschen genau hinschauen, wenn sie etwa in einem Auto an eine Kreuzung heranfahren, wurde in der Verkehrspsychologie beforscht. Die Ergebnisse sind dann nicht nur für unser Fach interessant, sondern werden in das Grundlagenwissen der allgemeinen Psychologie aufgenommen.

Haben Sie dafür ein aktuelles Beispiel?

Wir arbeiten in der Unfallforschung derzeit mit einem neuen Konstrukt, das bald verstärkt in die Wahrnehmungsforschung einfließen wird. Es handelt sich um die sogenannte *time to collision,* also die Zeit, die bei einem Unfall bis zum Aufprall vergeht. Dahinter verbirgt sich eine Entdeckung unsererseits über einen unbewussten Denkprozess, der offenbar ständig beim Autofahren abläuft. Er dreht sich um die Frage: Was meine ich, wie lange es dauern wird, bis ich auf ein vor mir herfahrendes Auto oder ein Hindernis aufpralle? Unsere Experimente mit Versuchspersonen im Simulator zeigen, dass diese Einschätzung unser Verhalten beim Autofahren massiv bestimmt. Je nachdem wie wir die *time to collision* einschätzen, regulieren wir unseren Abstand zum vorausfahrenden Fahrzeug. Sie entscheidet also letztlich darüber, ob wir im Notfall rechtzeitig bremsen können. Es gibt spannende Entwicklungen in diesem Arbeitsfeld der Verkehrssicherheit. Beispielsweise sind meine Kollegen und ich auch an der Entwicklung von neuen Fahrerassistenzsystemen beteiligt.

Zählt dazu der automatische Geschwindigkeitsgeber, der Tempomat?

Ja genau. Tempomat mit Abstandsregulation oder Distronic – die Bezeichnungen sind bei den verschiedenen Fahrzeugherstellern unterschiedlich –, das sind alles Beispiele für Fahrerassistenzsysteme. Aber heute wird an Hilfen gearbeitet, die noch viel weiter vorausdenken können. Etwa an Kreuzungsassistenten, die bei einer alternden Autofahrerbevölkerung wie der unseren bald sehr wichtig werden könnten. Diese Systeme unterstützen beim Linksabbiegen, indem sie signalisieren, wann sich eine passende Lücke im Gegenverkehr auftut. Manche sind so konstruiert, dass sie den Wagen sogar automatisch abbremsen, falls man zu früh losfährt und doch noch Autos entgegenkommen. Und es gibt vieles mehr, beispielsweise verschiedene Hilfen, die den Autofahrer bei der Längs- und Querregulation unterstützen.

Auf welche Weise teilt mir mein Auto mit, dass ich aus der Spur gerate?

Das ist ganz unterschiedlich. Die Franzosen haben zum Beispiel mit einem vibratorischen Feedback am Fahrersitz experimentiert. Das führte dazu, dass manche Autofahrer diese Rückmeldung absichtlich in Gang gesetzt haben …

… als Rückenmassage?

Ja. Das war natürlich nicht der Sinn der Sache, und es wurde dann auch nicht serienmäßig gebaut. Aber auf diesem Gebiet gibt es ständig neue Erfindungen. In der Abstandsregulation wird gerade an einem System gearbeitet, das eine wirklich gelungene Zusammenarbeit zwischen Psychologen und Kraftfahrzeugtechnikern darstellt, weil hier die Rückmeldung genau an der richtigen Stelle passiert: Wer zu wenig Distanz zum Vorausfahrenden hält, spürt einen Widerstand am Gaspedal, sodass es sich kaum noch durchdrücken lässt. Genau an der Stelle, an der der Mensch falsch reagiert, wird ihm sensorisch Rückmeldung über sein Handeln gegeben.

Das alles klingt für mich auch ein bisschen beunruhigend. Ich stelle mir gerade vor, wie in Zukunft Menschen im Halbschlaf oder mit starken Sehbehinderungen in Autos herumfahren – im vollen Vertrauen auf diese Fahrhilfen.

Da sprechen Sie eines der Kernthemen dieses Arbeitsfeldes an. Eine starke Entlastung von den Aufgaben beim Autofahren könnte dazu führen, dass Menschen sich nicht mehr genug gefordert fühlen; sie fahren dann möglicherweise schneller oder widmen sich Nebentätigkeiten. Das wäre gar nicht im Sinne der Erfinder.

Was sind weitere Forschungsgebiete der Verkehrspsychologie?

Ein Feld, das sich gerade neu entwickelt, ist die Schnittstelle zwischen Mensch und Infrastruktur. Wir forschen dazu in Dresden zu der Frage: Wie kann man Straßen so gestalten, dass Menschen sich ohne aufwändiges Reglement in einer gewünschten Weise verhalten? Da ist beispielsweise das Konzept der *self explaining roads* sehr interessant. Die Idee, die hinter diesen »sich selbst erklärenden Straßen« steckt: Man kann Straßen so konzipieren, dass Menschen automatisch das Richtige darauf tun. Bei den meisten heutigen Straßen herrscht ein großer Widerspruch. Ihr Aussehen vermittelt einen ganz anderen Eindruck, als die dort herrschenden Verkehrsregeln an Verhalten fordern.

Weil viele Straßen zu breit sind und zu gut ausgebaut?

Ja, zum Beispiel. Viele sind vierspurig mit Mitteltrennung, gehen schnurgeradeaus und suggerieren, dass hier locker 100 Stundenkilometer gefahren werden können. Wenn man gleichzeitig Schilder aufstellt, die maximal 50 km/h erlauben, macht man es den Menschen extrem schwer, diese Regel einzuhalten. Das funktioniert, wenn überhaupt, nur mit einer genauen, engmaschigen Überwachung. Dabei ginge es viel einfacher. Wir könnten die Straßen so gestalten, dass sie selbst schon die richtigen Signale für die angemessene Geschwindigkeit aussenden.

Zählen die kleinen Hügel auf der Fahrbahn, die wir aus Wohngebieten kennen, zu den *self explaining roads*? Oder die vielen Kreisel, die in Frankreich üblich sind?

Die Kreisverkehre ja. Die Hügel sind ein ziemlich grobes Instrument. Eine etwas feinere Methode stellen die längsgerichteten eingefrästen oder aufgesetzen Rüttelstreifen im Verlauf der Fahrbahn dar. Diese Markierungen heißen in den USA *rumble strips*. Hier hat man sich folgende Erkenntnis aus der Verkehrspsychologie zunutze gemacht: Wenn Menschen schneller fahren, haben sie eine breitere Schwankung nach links und rechts in ihrer Fahrzeugführung – und kommen so häufiger auf diese Riffel. Sobald dies geschieht, hören sie nicht nur ein akustisches Signal, es wird zugleich vibratorisch ziemlich unangenehm. Es tritt ein Vermeidungslernen ein. Wir sprechen in der Psychologie von »negativer Verstärkung«. Diese Art der Lernhilfen versuchen wir systematisch einzusetzen, um Menschen ein erwünschtes Verhalten wie das langsamere Fahren an bestimmten Stellen nahezulegen.

Apropos erwünschtes Verhalten. Sind Verkehrspsychologen auch in die Steuerung der Mobilität von Menschen eingebunden?

Ja, wir sprechen von Mobilitätsmanagement oder *travel demand management*. Der englische Ausdruck ist hier deutlicher, denn es handelt sich um die Steuerung, das Management der Nachfrage nach Verkehrsangeboten. Es soll beeinflusst werden, wie stark Menschen bestimmte Verkehrsleistungen nachfragen. Es macht ja, beispielsweise in Hinblick auf Umweltbelastungen, einen großen

Unterschied, ob wir regelmäßig in öffentliche Verkehrsmittel wie Bahn oder Bus steigen, uns aufs Fahrrad schwingen oder doch meistens im eigenen Pkw unsere Strecken zurücklegen. Aktuelle Fragen in diesem Arbeitsfeld lauten: Wie kann man die Nachfrage im Verkehr gezielter gestalten? Unter welchen Bedingungen sind Menschen bereit, auf den Besitz eines eigenen Autos zu verzichten? Wie müssen Organisationen zur gemeinschaftlichen Autonutzung – seien dies Carsharingklubs oder Nachbarschaftsautos – gestaltet werden, damit Menschen sie annehmen? Hier brauchen wir dringend weitere Modelle, die den Menschen erreichen, denn darauf kommt es an. Mit ähnlichen Fragestellungen aus dem Feld der Verkehrsökologie beschäftigen wir uns derzeit in einem Graduiertenkolleg, das ich leite, zur »Kostenwahrheit im Verkehr«.

Geht es bei der »Kostenwahrheit im Verkehr« darum, dass heute ein Großteil der Kosten des Autofahrens von der Allgemeinheit getragen wird – aber längst nicht alle Bürger auch einen Pkw benutzen?

Ja. Wirkliche Kostenwahrheit würde bedeuten, dass Autofahrer alle externalen Kosten für ihr Verkehrsmittel tragen. Neben Benzin, Versicherung und Steuer auch weitere Kosten, die bisher nicht auf sie umgerechnet werden. Das betrifft beispielsweise Umweltkosten, Kosten für die Bereitstellung der Infrastruktur, Lärmkosten und einen Teil der Unfallkosten. Wir überlegen, wie man diese Kosten, die im Moment die Allgemeinheit trägt, den einzelnen Verursachern anlasten kann. Nämlich denen, die diese Verkehrswege benutzen. Was daran außerdem psychologisch interessant ist: Damit ist gleichzeitig ein Lenkungseffekt verbunden. Wenn das Fahren im eigenen Pkw teurer wird, erscheinen alternative Fortbewegungsmittel attraktiver. Das führt allerdings an anderer Stelle zu Problemen. Denn wenn viele auf das Auto verzichten, fallen für den Staat die gewohnten Einnahmen aus, beispielsweise aus der Mineralöl- und Kraftfahrzeugsteuer. In der Politik wird über den richtigen Weg derzeit noch gestritten. Die meisten möchten das Verhalten wegen der Einnahmeeinbußen nicht zu stark umlenken, sondern nur ein bisschen.

Im Zuge dieser Arbeiten zur Kostenwahrheit untersuchen wir auch, inwieweit es sinnvoll ist, Preise zu differenzieren. Also ob beispielsweise das Befahren von einer Strecke von 50 Kilometern mehr kosten soll als eine Nutzung von 40 Kilometern; ob ein Befahren zu Hochlastzeiten morgens und abends teurer sein sollte als das Fahren am Mittag oder in Zwischenzeiten. Ökonomen würden hier sagen: Der differenzierteste Preis ist der beste, weil er das Verhalten am Genauesten steuern kann. Aber aus psychologischer Sicht sieht es anders aus. Der gedankliche Aufwand, den Menschen beim Auswählen eines passenden Angebotes leisten müssen, sowie die dauernde Bindung der Aufmerksamkeit, sind auch eine Art von »Kosten«. Aus früheren Studien wissen wir, und das zeigen auch Alltagsbeispiele: Wenn das Angebot hochgradig differenziert ist, wie beispielsweise heute bei den Preisen fürs Telefonieren, SMS-Schreiben, Surfen und so weiter, blicken die Benutzer nicht mehr durch und rufen nach einer Flatrate. So eine Pauschalgebühr für das Autofahren wäre natürlich überhaupt nicht sinnvoll – sie würde gar nichts gezielt lenken, weil sie das gelegentliche Verzichten auf den Pkw überhaupt nicht belohnt.

Sie forschen auch zum Verhalten von älteren Menschen im Straßenverkehr.

Dieses Thema wird aufgrund der demografischen Entwicklung hierzulande immer wichtiger. Für 2050 rechnet man damit, dass 14 Prozent der Deutschen über 80 Jahre alt sein werden. Das wird natürlich im Verkehr Auswirkungen haben. Denn hier handelt es sich um Menschen, die fast alle ihr Leben lang Auto gefahren sind. Wir können davon ausgehen, dass sie es – so lange wie möglich – auch weiter tun werden.

Was sagt denn die Statistik, verursachen die Betagten mehr Unfälle?

Die Antwort hängt davon ab, wie Sie die Statistik lesen. In absoluten Zahlen gesehen, verursachen alte Menschen viel weniger Unfälle als andere Altersgruppen. Die guten Ergebnisse gehen aber auch zum Teil darauf zurück, dass Ältere im Vergleich viel weniger Kilometer als Junge zurücklegen. Wenn Sie die Unfälle in Relation zur Fahrleistung setzen, ergibt sich ein anderes Bild. Dann sieht man einen Unfallanstieg bei den über 70-Jährigen.

Was erforschen Sie in Ihrer aktuellen Studie genau?

Wir nehmen das Fahrvermögen der Älteren ab 70 Jahre unter die Lupe. Die Versuchspersonen in unserer Studie sind bis zu 90 Jahre alt. Erste Ergebnisse zeigen, dass sie beim Fahren auf der Straße erstaunlich gut abschneiden – obwohl sie im Labor viel schlechtere Leistungen zeigen. Es scheint so zu sein, dass wir im Alter über gut ausgeprägte Kompensationsmöglichkeiten verfügen, um die Defizite, die mit einem hohen Alter einhergehen, wie schlechteres Sehen oder Hören, Schwierigkeiten bei Mehrfachtätigkeiten und geteilter Aufmerksamkeit, auszugleichen.

Die Älteren reagieren beim »echten« Autofahren schneller als im Labor?

Nein, das nicht. Ihre Reaktionszeit ist auf der Straße nicht besser, aber sie können das Defizit offenbar so kompensieren, dass sie nicht so schnell reagieren müssen, indem sie etwa mit mehr Abstand oder einfach langsamer fahren.

Plädieren Sie für einen Eignungstest für Ältere?

Dafür gibt es im Moment keine wissenschaftliche Grundlage, und das würde auch als sehr diskriminierend erlebt werden. Für die Zukunft werden wir das aber überlegen müssen. Ich kann mir vorstellen, dass eine Fahrerlaubnis künftig sowieso nicht auf Lebenszeit gilt, sondern beispielsweise nur zehn Jahre lang.

Bernhard Schlag leitet die Professur für Verkehrspsychologie an der TU Dresden. Der Diplompsychologe führt seit fast vier Jahrzehnten interdisziplinäre Forschungsprojekte durch. Zu den Auftraggebern seiner Studien gehören deutsche Ministerien, die Europäische Union und verschiedene Industrieunternehmen. Bernhard Schlag ist Autor und Herausgeber von insgesamt 30 Büchern zur Verkehrspsychologie, er verfasst außerdem regelmäßig Artikel in wissenschaftlichen Fachzeitschriften.

DER SPORT-PSYCHOLOGE

Damit der Sportler zu seinem eigenen Fan wird

Arno Schimpf ist Sportpsychologe. In seiner Arbeit mit Sportlern, Führungskräften aus der Wirtschaft und Rehapatienten fördert er nicht nur die Motivation, sondern achtet auch auf die Persönlichkeitsentwicklung. Wer erfolgreich sein will, muss lernen, sich für sich selbst zu begeistern.

Herr Schimpf, wie hat Ihre Arbeit als Sportpsychologe begonnen?

Ich habe 1984 angefangen, als es die Sportpsychologie eigentlich noch gar nicht gab. Zu dieser Zeit waren in Deutschland nur wenige Personen in diesem Beruf tätig. Unser aller Mentor war damals Professor Hans Eberspächer aus Heidelberg, der diese Disziplin hoffähig machte. Für meinen Berufseinstieg war letztendlich der Bundestrainer der Ringernationalmannschaft der Auslöser. Er hielt es für wichtig, einen Psychologen hinzuzuziehen, um seine Sportler optimal auf die Olympischen Spiele 1984 in Los Angeles vorzubereiten.

Und, hat es geklappt mit der Goldmedaille?

Ja, die Ringer waren recht erfolgreich. Sie holten eine Gold- und zwei Silbermedaillen, wenn ich mich recht erinnere.

Sie sind Diplompsychologe. Auf Ihrer Website nennen Sie sich außerdem »Mentalcoach«. Warum?

Zum einen wird im Umfeld des Sports der »Psychologe« oft mit dem »Psychiater« gleichgesetzt, was mit »Kranksein« verbunden wird. Auch Führungskräfte, mit denen ich ebenfalls arbeite, lassen sich lieber von einem »Mentalcoach« beraten, obwohl der Begriff ja nicht geschützt ist und jeder sich so nennen kann.

Darüber hinaus ist die Berufsbezeichnung »Psychologe« im Sport nicht unproblematisch: Seine Aufgabe wird dort häufig mit »motivieren können« gleichgesetzt. Genau das ist aber in einer herkömmlichen Sichtweise Aufgabe des Trainers, viele sehen darin sogar seine Kernkompetenz. Viele Trainer verzichten auf eine Zusammenarbeit, weil sie meinen, diese Arbeit selbst leisten zu können, ja leisten zu müssen. Auf der anderen Seite gibt es zum Glück Trainer, die darin einen wichtigen Faktor zur Leistungssteigerung sehen. Diese Trainer ziehen einen Experten hinzu, weil sie sich für die psychologische Seite weder zuständig fühlen, noch zuständig sein wollen.

Sie waren Sportpsychologe der Frauenfußball-Nationalmannschaft und haben diese auf dem Weg zur Weltmeisterschaft 2011 betreut. Was waren Ihre Hauptaufgaben? Teambildung, Gruppenentwicklung, Motivation?

All das gehört dazu. Der Auftrag an mich lautete: die Mannschaft mental stark zu machen. Denn die Spielerinnen müssen erfolgreich sein, wenn es darauf ankommt. Dieses »Erfolgreich-sein auf den Punkt« ist eine klassische Situation des Spitzensportes. Dadurch herrscht ein ganz anderer Anspruch, als wir ihn vom normalen Berufsalltag her kennen, in dem man Fehler korrigieren oder nachbessern kann. Das geht hier nicht. Wenn du es hier nicht schaffst, musst du vier Jahre auf deine nächste Chance warten, wenn du sie überhaupt noch mal bekommst. Diese »Einmaligkeit« eines solchen Turniers wie der WM oder auch der Olympiade stellt daher auch an die Psyche des Sportlers besondere Anforderungen.

Wie schaffen Sie das, eine Sportlerin, einen Sportler auf den Punkt leistungsstark zu machen?

Das ist ein Prozess. Wer im Hochleistungssport vorankommen will, muss über Jahre hinweg daran arbeiten, tagein, tagaus. Der Weg, den Hochleistungssportler gehen, erfordert Durchhaltevermögen. Ich sage den Sportlern immer: Erfolg ist nur über die Treppe möglich. Du kannst nicht einfach in einen Aufzug steigen und oben ankommen. Der Erfolg ist mit einer bestimmten Lebensweise und Lebenshaltung verbunden. Er erfordert ein hohes Maß an Disziplin, es gibt wenig Freizeit, lange Reisen gehören dazu, das Zusammensein mit Teammitgliedern auf einem gemeinsamen Zimmer. Das sind alles Dinge, die in unserer Gesellschaft nicht die Regel sind. Junge Menschen leben normalerweise ganz anders. Wer seinen Weg mit der Nationalmannschaft machen will, muss bereit sein, sich darauf einzulassen. Und was meine Zusammenarbeit mit den Sportlerinnen und Sportlern betrifft, so müssen unsere Ziele übereinstimmen.

Wie prüfen Sie, ob Bereitschaft und Ziele stimmen?

Als ich der Frauenfußballmannschaft zum ersten Mal begegnete, habe ich den Spielerinnen die Frage gestellt: »Was macht ihr am 17. Juli 2011?« Sie haben geantwortet: »Arno, da sind wir im Endspiel und wollen Weltmeister werden!« Da war für mich klar, wir haben das gleiche Ziel. Was die Bereitschaft zur Zusammenarbeit auf dem Weg dorthin betrifft, habe ich damals mit allen Spielerinnen schriftliche Zielvereinbarungen geschlossen. Darin geht es um nichts weniger als absolut sportorientierte Lebensführung: Disziplin, keine Drogen, keinen Alkohol, ausreichend Schlaf, gesunde Ernährung und Training, Training, Training.

Was sie außerdem mitbringen müssen, ist eine hohe Selbstmotivation. Eine Sportlerin sollte aus eigenen Stücken und mit Freude zum Training kommen. Sie muss von 365 Tagen im Jahr 360 Tage mit viel Leidenschaft ihren Sport ausüben. Das ist keinesfalls selbstverständlich. Ein Leben als Spitzensportler beinhaltet viele Routinen, wie andere Berufe auch. Die große Kunst im Hochleistungssport besteht darin, an diesen Routinen immer wieder Spaß zu haben. An ihnen führt kein Weg vorbei, wenn man sich sportlich weiterentwickeln will.

Dann fördern Sie Motivation gar nicht groß, sondern setzen diese bereits voraus?

Ja, genau. Wir stoßen sie nur hin und wieder einmal an, unterstützen in den entscheidenden Phasen, beispielsweise nach einem harten Match, mit dem alle unzufrieden waren. Aber eine hohe innere Leistungsbereitschaft muss schon vorhanden sein. Für einen Spitzensportler ist Motivation aber fast zu wenig. Da braucht es Leidenschaft oder Besessenheit. Das ist nötig, um über zehn oder fünfzehn Jahre ein Ziel zu verfolgen, denn so lange dauert es in manchen Sportarten, bis man ganz oben angekommen ist.

Wenn die Zielvereinbarungen unterschrieben sind und die Motivation stimmt, wie arbeiten Sie dann mit den Sportlern?

Die psychologische Arbeit mit den Spitzensportlern macht meiner Meinung nach nur Sinn, wenn sie mit der Persönlichkeitsförderung des Menschen einhergeht. Damit eine Sportlerin in hohen Belastungssituationen situationsadäquat handeln kann, braucht sie eine stabile Basis. Sie muss sich selbst als Person annehmen. Sogar noch etwas mehr als das: Sie muss lernen, sich für sich selbst zu begeistern, sie sollte ihr eigener größter Fan sein.

Aber sicher kommt nicht jeder mit dieser hohen Selbstzufriedenheit in Ihre Obhut.

Nein, natürlich nicht. Wir schauen dann gemeinsam, was diese Selbstbegeisterung stört. Es können Faktoren aus dem Lebensumfeld außerhalb des Sports sein, oder sie können im Rahmen des

Trainingsumfeldes liegen. Ziel ist, den Sportler zu einem Menschen zu entwickeln, der mit sich im Einklang ist.

Aber können Selbstzweifel nicht auch ein stabiles Persönlichkeitsmerkmal sein?

Dann müssen wir versuchen, dieses Persönlichkeitsmerkmal zu ändern. Überspitzt formuliert: Wenn eine Sportlerin morgens regelmäßig aufwacht und an sich zweifelt, ständig Angst hat, den Anforderungen nicht zu entsprechen, dann hat sie bereits auf dieser ersten Stufe ein Problem. Eines, das sie daran hindert, ihre bestmögliche Leistung zu bringen. Mit einer Grundstruktur des Zweifelns und Haderns mit sich selbst wird sie auf dem Weg zu einem Erfolg zwangsläufig scheitern. Denn ohne eine positive Sicht ihrer selbst wird sie der hohen Belastung, die auf sie zukommt, nicht standhalten können.

Teambildung und Gruppenentwicklung sind sicherlich auch wichtig bei Ihrer Arbeit.

Das ist in der Tat wichtig. Denn, natürlich, wie in allen sozialen Systemen gibt es auch in Sportteams Konflikte. Das ist auch gut so. Denn es darf nicht passieren, dass die Sportler ihre Persönlichkeit in der Kabine lassen.

Gibt es eine bestimmte Methode, mit der Sie diese Gruppenkulturen etablieren?

Ich arbeite auf eine Weise, die für Teamsportarten untypisch ist, nämlich fast nur mit den Sportlern und Sportlerinnen einzeln. Die gängigen Teambildungsmaßnahmen, die man so kennt, der Hochseilgarten und so weiter, sind unpassend, solange das Fundament nicht fest verankert ist. Meiner Erfahrung nach erwächst die Stärke eines Teams aus der individuellen Stärke der einzelnen Mitglieder: Wenn jeder seine Hausaufgaben macht, übernimmt er auch die volle Verantwortung für das Team.

Mit welchen Methoden arbeiten Sie in der Einzelarbeit?

Wir üben beispielsweise zielorientiertes Denken und ressourcenbasiertes Handeln. Im Fall der Fußballerinnen habe ich von der Trainerin ein Raster bekommen, das die Grundanforderungen auf den verschiedenen Spielpositionen darstellte. Diese variierten, je nachdem welche Rolle eine Spielerin auf dem Platz einnehmen sollte. Eine defensive Nummer 6 braucht ein anderes Handlungsrepertoire als ein Außenstürmer oder ein Innenverteidiger. Ich bin diese jeweiligen Anforderungen mit jeder einzelnen Spielerin durchgegangen, und wir überprüften, wie weit sie schon dran ist, an ihrem persönlichen Ziel.

Was brauchen Hochleistungssportler noch? Ein ganz wichtiger Aspekt ist die Entspannung. Ich bringe den Sportlern Selbsthypnosetechniken bei. Sie lernen, wie sie innerhalb von zwei oder drei Minuten ihr psychovegetatives Nervensystem herunterfahren und auf diese Weise ihr Spannungsniveau regulieren. Das Beherrschen einer solchen Technik ist Voraussetzung für optimale Stressregulation und für die Verankerung positiver Handlungsbilder.

Wann wenden Leistungssportler diese Selbsthypnose denn an?

Ganz unterschiedlich. Immer wenn sie meinen, dass sie sich nicht mehr ausreichend in Balance befinden. Wenn ihnen der Druck von außen zu groß wird, wenn sie mal ein schlechtes Training hinter sich haben oder einfach nur zur Regeneration nach einem intensiven Training. Die Sportler erleben auf diese Weise eine Körperkompetenz ohnegleichen: Wenn sie in der Lage sind, innerhalb von zwei oder drei Minuten ihren Herzschlag von 85 auf 40 Schläge herunterzubringen, ganz allein durch Selbstbefehle, dann ist das auch ein Moment, in dem sie sich als enorm kompetent erleben. Das stärkt das Selbstbewusstsein.

Verraten Sie uns noch andere Methoden Ihrer sportpsychologischen Arbeit?

Damit Sportlerinnen und Sportler ihr Können im entscheidenden Moment abrufen können, arbeite ich mit Ressourcenaktivierungen. Dazu leite ich sie an, sich alte Highlights ihrer sportlichen Laufbahn vorzustellen. Beispielsweise wie eine Torfrau einen Elfmeter gehalten hat oder wie eine Spielerin den genialen Pass geschlagen hat. Dieses Ereignis wird von der Person visualisiert, eine Art Kino im Kopf – ein perfektes Drehbuch der eigenen Stärke. Je präziser ein Sportler sein Ressourcenbild verinnerlichen kann, desto größer ist die Wahrscheinlichkeit, dass er oder sie diese perfekte Leistung auch abruft, also zu wiederholen in der Lage ist. Das gilt besonders unter Stressbedingungen.

Das Visualisieren stärkt einerseits das Selbstbewusstsein, weil man immer wieder sieht, zu welch hervorragender Leistung man es schon gebracht hat – und andererseits findet durch das Nachempfinden ein Training statt, so wie man ein Instrument im Geiste üben kann?

Ganz genau. Allerdings muss man vorher die körperlichen Voraussetzungen schaffen. Wer nie Langstreckenläufer war, wird allein durch Gedankenkraft keinen Marathon gewinnen können. Aber Menschen sind in der Tat in der Lage, über den Kopf ihre Muskeln zu aktivieren. Und zwar genauso intensiv, als wenn sie die Tätigkeit tatsächlich ausführen. Solche Trainings über Körperbewegung in

Gedanken mache ich seit einigen Jahren auch mit Schlaganfallpatienten. Dabei übe ich mit ihnen Muskelinnervation über intensive funktionale Bewegungsvorstellung. Diese Arbeit finde ich faszinierend. Wenn einer dieser Patienten, der einen Schlaganfall erlitten hatte, mir nach ein paar Monaten mit Nordic-Walking-Stöcken entgegenkommt – das begeistert mich genauso wie der Gewinn einer Goldmedaille.

Wie groß, glauben Sie, ist der Anteil, den die psychische Verfassung auf sportliche Leistungen hat?

Ich glaube, er variiert sehr stark. Im normalen Training geht es vor allem um die körperlichen Aspekte des Sports. Der mentale Anteil wird wichtiger, wenn die Konsequenzen des Tuns sich dramatischer auswirken. Nehmen Sie ein Ereignis wie eine Fußballweltmeisterschaft. Zu Beginn der WM liegt der mentale Anteil vielleicht im Bereich von zehn Prozent, aber er steigt bis zum Finale hin natürlich stetig an. Und nun stellen Sie sich einmal folgendes Szenario vor: WM-Finale, 88. Minute, und es steht 0:0. Wenn es in dieser Situation einen Elfmeter gibt, entscheidet der Kopf alles. Da geht es nicht um Technik oder Schusskraft. Diese Kompetenz ist vorhanden, im Training tausendfach bewiesen. In diesem Moment darf die Spielerin nicht darüber nachdenken, was passiert, falls sie danebenschießt. Das ist die große Kunst im Sport: Mögliche Misserfolge dürfen im Kopf keinen Platz haben. Hilfreich ist vielmehr eine Selbstinstruktion wie die folgende: »Das ist wie im Training, den Ball hau ich einfach rein!«

Was ist Ihr Erfolgsrezept im Umgang mit den Sportlern? Strenge, Genauigkeit oder Humor?

Ich weiß es nicht, vielleicht eine Mischung aus all dem? Es hilft sicher, dass ich sehr authentisch bin. Die hohen Ansprüche, die ich an meine Spielerinnen stelle, gelten genauso für mich selbst. Ich lebe das, was ich sage. Ich trainiere genauso hart wie sie, ich lebe genauso diszipliniert. Ich kann mich genauso begeistern, wenn ich auf der Bank sitze. Leidenschaft, Besessenheit, Gänsehautgefühle, es ist, als würde ich selbst spielen. Ich glaube, das spürt die Mannschaft, auch bei meiner Kabinenansprache.

Arno Schimpf arbeitet seit fast drei Jahrzehnten als Sportpsychologe. Er war früher selbst Hochleistungssportler im Langstreckenlauf und schloss drei Hochschulstudien in den Fächern Betriebswirtschaftslehre, Sportwissenschaft und Psychologie ab. Der gebürtige Heidelberger promovierte im Fach Psychologie und absolvierte eine hypnotherapeutische Ausbildung. Der Sportpsychologe betreut Spitzensportler und Mannschaften aus ganz unterschiedlichen Disziplinen, die er bei Olympischen Spielen, bei Welt- und Europameisterschaften begleitet. Darüber hinaus arbeitet Arno Schimpf als Coach für Bundesligatrainer, er berät Führungskräfte aus der Wirtschaft und trainiert seit fünf Jahren mit Krebs- und Schlaganfallpatienten, um deren Bewegungsfähigkeit wieder zu verbessern. Von 2009 bis 2011 war der Sportpsychologe Mitglied des Betreuerteams der Frauenfußball-Nationalmannschaft.

DER PSYCHO-THERAPEUT

Wie wird man zum Helfer für die Seele?

Marcus Rautenberg ist seit 2006 approbierter Psychotherapeut. Er arbeitet in einer eigenen Praxis und ist Vorsitzender eines Berufsverbandes für Psychotherapeuten. Welche Ausbildungen sind für diesen Beruf nötig, und wie ist es, als Psychologe freiberuflich zu arbeiten?

Herr Rautenberg, wer darf sich überhaupt Psychotherapeut nennen?

Es gibt seit 1999 in Deutschland ein Psychotherapeutengesetz (PsychThG), das die Berufszulassung regelt und die Berufsbezeichnung »Psychotherapeut« schützt. Das bedeutet, es wurde festgeschrieben, welche Ausbildungen nötig sind, um sich Psychotherapeut nennen zu dürfen.

Die Grundausbildung besteht in einem abgeschlossenen Psychologiestudium. Da das Diplom als Studienabschluss in Deutschland ausläuft und der neue Masterabschluss gemeinhin als vergleichbar gilt, können Sie davon ausgehen, dass Sie einen Masterabschluss in Psychologie als Voraussetzung benötigen. Das ist aber nur der erste Schritt zum Psychotherapeutenberuf ...

... man muss also ein Psychologiestudium abschließen, mit Diplom oder Master. Und dann?

Darüber hinaus braucht man eine fundierte Ausbildung in psychologischer Psychotherapie. Manchmal wird so eine Ausbildung auch Weiterbildung genannt. Es gibt verschiedene staatlich anerkannte Institute ganz unterschiedlicher Psychotherapieschulen, die so etwas anbieten. Manche Ausbildungen sind an Universitäten angegliedert, sie laufen dann oft unter dem Namen »Weiterbildungsstudiengang«. Man darf diese Weiterbildungsstudien nicht mit anderen Studiengängen verwechseln, die manchmal unter dem Namen »Klinische Psychologie/Psychotherapie« laufen. Das sind dann Masterstudiengänge, deren Abschluss ist vergleichbar mit dem früheren Diplom in Psychologie mit dem Schwerpunkt klinische Psychologie. Aber es handelt sich nicht um eine Ausbildung zum Psychotherapeuten. Generell gilt: Man sollte sich vor Beginn so einer Psychotherapieausbildung genau informieren.

Psychotherapie ist ja ein Oberbegriff für verschiedene Behandlungsansätze. Neben den bekannteren, wie Verhaltenstherapie oder Psychoanalyse, werden auf dem Markt noch viele weitere Therapieverfahren angeboten: Es gibt unter anderem Ausbildungen in Gestalt-, Familien- oder Gesprächstherapie. Wie findet man sich da zurecht, welche Schulen sind denn anerkannt?

Das kommt immer darauf an, was für eine Art der Anerkennung Sie meinen. Was die gesetzlichen Krankenkassen angeht, die die strengsten Maßstäbe anlegen: Sie bezahlen derzeit nur drei psychotherapeutische Behandlungsarten, diese werden Richtlinienverfahren genannt: Verhaltenstherapie, Psychoanalyse und tiefenpsychologisch fundierte Psychotherapie.

Die Regelungen der Anerkennung sind insgesamt kompliziert und auch sehr verbesserungsbedürftig. Ich gebe Ihnen ein Beispiel: Sie können beispielsweise in Gesprächspsychotherapie und in systemischer Psychotherapie eine Ausbildung abschließen und damit eine Approbation erwerben, also eine Berufserlaubnis, als Psychotherapeut zu arbeiten – eine Zulassung durch die Krankenkassen werden Sie aber nicht bekommen. Hier herrschen Widersprüche zwischen Berufsrecht und Sozialrecht – was wir vom Berufsverband VPP anprangern. Wir arbeiten daran, diese paradoxen Regelungen zu verbessern.

Wo kann man sich erkundigen, wie jeweils der neueste Stand ist, welche Ausbildungen und Abschlüsse anerkannt werden?

Wenn Sie eine Ausbildung zum psychologischen Psychotherapeuten machen möchten, sollten Sie sich erkundigen, welche Ausbildungsinstitute staatlich anerkannt sind. Auskunft dazu geben die jeweiligen Behörden eines Bundeslandes, die dafür zuständig sind. In der Regel ist es eine Stelle, die an das Gesundheits- oder Sozialministerium des Landes angegliedert ist. Welche Verfahren die Kassen übernehmen, darüber informiert beispielsweise die Bundespsychotherapeutenkammer (BPtK) (www.bptk.de/), so nennt sich in Deutschland die Dachorganisation der Landespsychotherapeutenkammern. Sie können sich auch bei der Psychotherapeutenkammer Ihres Bundeslandes informieren.

Wenn ich mich für eine Ausbildung in Psychotherapie entschieden habe – mit welchen Kosten muss ich rechnen und wie lange dauert sie?

Da gibt es zwei Varianten, die Vollzeitausbildung dauert drei Jahre, eine Teilzeitausbildung fünf. Wie hoch die Kosten sind, lässt sich nicht pauschal sagen, das ist je nach Ausbildungsinstitut sehr unterschiedlich festgelegt: In der Regel ist pro Semester oder pro Jahr ein bestimmter Ausbildungsbeitrag fällig. Dieser variiert stark. Manchmal gibt es die Gelegenheit, einen Teil der Gebühren im Rahmen der Therapiestunden, die man im Laufe der Ausbildung leisten muss, rückerstattet zu bekommen. Sie müssen sich das so vorstellen: Im Rahmen der Ausbildung müssen Sie 600 Stunden Psychotherapie mit Klienten durchführen, eigenständig unter Supervision. Für diese Behandlungsstunden geben einige Ausbildungsinstitute einen Teil des Stundenhonorars an die Auszubildenden weiter. Das nennt sich Rückvergütungen. Dieses Geld muss man also von den Ausbildungskosten abziehen – daher ist es keine einfache Rechnung.

Sie können grob mit einer Summe zwischen zwei- oder dreitausend Euro rechnen, wenn es keine Rückvergütung gibt. Das bedeutet dann, man arbeitet während der Ausbildung umsonst. Oder die Kosten liegen um die zwölftausend Euro und man bekommt eine Rückvergütung für die Therapiestunden. Das läuft letzten Endes etwa auf dieselbe Summe von zwei- oder dreitausend Euro hinaus. So viel müssen Sie, grob gerechnet, an Ausbildungskosten insgesamt zahlen.

So wenig? Ich habe gelesen, dass eine Psychotherapeutenausbildung insgesamt 30.000 oder sogar 40.000 Euro kostet.

Als reine Kosten für das Ausbildungsinstitut? Nein, das erscheint mir zu hoch. Aber es kommt ganz darauf an, wie Sie rechnen. Als Kostenkalkulation für die Ausbildung insgesamt sind diese Summen allerdings denkbar. Denn es kommen noch hinzu: Kosten für Literatur und Fahrtkosten, und als Kostenfaktor fallen die Stunden ins Gewicht, die Sie in die Ausbildung investieren – und daher als Arbeitszeit verlieren. Denn Sie können während dieser Ausbildungszeit – immerhin drei Jahre lang – nicht Vollzeit auf einer anderen Stelle arbeiten. Schließlich kommt noch hinzu, dass Psychotherapeuten in Ausbildung oftmals nicht gut bezahlt werden.

Wenn man die Ausbildung geschafft hat – wo arbeiten Psychotherapeuten? Sind die meisten selbstständig?

Ja, ich schätze, dass die meisten als niedergelassene Psychotherapeuten arbeiten. Niedergelassen bedeutet, dass Sie selbstständig, freiberuflich tätig sind. Entweder haben Sie eine Zulassung zur kassenärztlichen Versorgung (KV-Zulassung), das heißt, Sie können die Patienten ganz einfach über die Krankenkassen Chip-Karte (früher hieß es »Krankenschein«) abrechnen. Oder Sie arbeiten als sogenannter »freier Psychotherapeut« ohne KV-Zulassung und rechnen dann beispielsweise über das Kostenerstattungsverfahren ab oder Sie behandeln Privatpatienten. Das zweite große Berufsfeld sind die Kliniken; Psychotherapeuten arbeiten beispielsweise in psychosomatischen oder psychiatrischen Krankenhäusern oder in Rehabilitationskliniken. Aber es gibt noch ganz andere Arbeitgeber und Arbeitsfelder, etwa bei Beratungsstellen oder im Justizvollzug.

Was verdient man als Psychotherapeut? Lohnt sich diese lange Ausbildung, mit Studium und Weiterbildung in Psychotherapie?

Psychotherapeut ist ja ein qualifizierter Heilberuf, so wie der Arztberuf auch. Wenn ich ihn ausüben möchte, brauche ich diese Ausbildungen. Ob sich das im Endeffekt rein rechnerisch lohnt? Das habe ich persönlich noch nie ausgerechnet. Soweit ich weiß, werden Psychotherapeuten inzwischen in Kliniken relativ gut bezahlt – auch wenn das noch ausbaufähig ist und sie, was die Bezahlung betrifft, den Fachärzten gleichgestellt werden sollten.

Verdient ein angestellter Psychotherapeut in einer Klinik besser als ein niedergelassener Psychotherapeut?

Das kann man pauschal nicht beantworten. Der Angestellte hat eine reguläre Wochenarbeitszeit von sagen wir mal 40 Stunden, er hat Urlaubsansprüche, er wird auch bezahlt, wenn er krank ist. Er erhält in der Regel eine Tarifentlohnung der Gehaltsstufe TVÖD 13. Der selbstständige Psychotherapeut bekommt, wenn er mit der Krankenkasse abrechnet, derzeit folgende Tarife: Für eine Therapiestunde mit einem Patienten der in der gesetzlichen Krankenversicherung (GKV) ist, kann er rund 81 Euro abrechnen. Die GKV-Honorare werden regional festgelegt und können je nach Bundesland leicht variieren. Bei den privaten Krankenversicherungen (PKV) sind es derzeit 100 Euro und 56 Cent, die ein Therapeut erhält.

Das klingt als Stundenlohn erst einmal ganz ordentlich – aber neben der eigentlichen Therapiestunde fallen allerlei weitere Arbeiten an, die er nicht abrechnen kann. Dazu gehören beispielsweise die Dokumentation, das Berichte schreiben und die Fortbildungen. Dazu kommen auch noch die Kosten für die Praxisräume. Das alles muss ein niedergelassener Psychotherapeut mit dem Stundenhonorar abdecken.

Was ist für Sie das Schwierigste an der Arbeit als Psychotherapeut?

Dass ich mich tagtäglich mit einem Gesundheitssystem auseinandersetzen muss, das mich gelegentlich in meiner Arbeit behindert. Das meine ich so: Ich habe selbst keine Kassenzulassung, aber ich habe ständig Anfragen von Patienten – und kann manche von ihnen nicht behandeln, weil die Krankenkassen die Kosten nicht übernehmen. Sie meinen, es gäbe keine langen Wartezeiten und keinen Bedarf, die Patienten könnten sich auch von einem Kollegen mit Kassensitz behandeln lassen. Denn angeblich arbeite ich in einem Gebiet, in dem eine Überversorgung an Therapieplätzen herrscht. Das ist erstaunlich, denn andererseits höre ich, dass manche Patienten hier in der Region manchmal mehr als drei Monate auf einen Therapieplatz warten müssen – das ist für einen Erkrankten eine unzumutbar lange Wartezeit. Insofern ist das System, in dem ich arbeite, für mich das Unerfreulichste an meinem Beruf.

Marcus Rautenberg ist Diplompsychologe und psychologischer Psychotherapeut. Er arbeitet als Psychotherapeut in eigener Praxis, außerdem ist er als Dozent und Supervisor im Rahmen der Ausbildung zum Psychologischen Psychotherapeuten tätig. Seit mehreren Jahren berät er den beruflichen Nachwuchs in allen Fragen der beruflichen Perspektiven und Organisation der eigenen Praxis. Er ist seit 1994 Mitglied im Berufsverband Deutscher Psychologinnen und Psychologen e.V. (BDP), seit 2011 Vorsitzender des Landesfachverbandes Rheinland-Pfalz und seit 2013 Bundesvorsitzender des Verbandes der Psychologischen Psychotherapeuten im BDP (VPP). Veröffentlichung von Marcus Rautenberg: *Jetzt bin ich Psychotherapeut. Wissenswertes zu Approbation und Berufspraxis.* Deutscher Psychologen Verlag, Bonn, 2011.

DIE TRAUMA-PSYCHOLOGIN

Wenn schlimme Erinnerungen sich aufdrängen

Interview: Margit Schlesinger-Stoll

Schreckliche Bilder, quälende Erinnerungen, Flashbacks: Christina Alliger-Horn betreut am Bundeswehrkrankenhaus in Berlin mit ihrem Team Soldaten und Soldatinnen, die in Auslandseinsätzen traumatisiert wurden.

Frau Alliger-Horn, Sie behandeln am Bundeswehrkrankenhaus in Berlin Menschen mit dem posttraumatischen Belastungssyndrom (PTBS), die bei Kriegseinsätzen in lebensbedrohliche Kampfhandlungen verwickelt waren oder die Ungerechtigkeit, Elend und Leid mit ansehen mussten, denen sie nicht gewachsen waren. Sind dies in den vergangenen Jahren hauptsächlich heimgekehrte Soldatinnen und Soldaten aus Afghanistan?

Die Soldaten aus den ISAF-Einsätzen [für International Security Assistance Force, Anm. d. Redaktion] machen eindeutig den größten Teil unserer Patienten aus. Panzereinsätze, der Tod von Kameraden, die Bedrohung des eigenen Lebens, aber auch mit ansehen zu müssen, wie die Bevölkerung, zum Beispiel Kinder, leidet – Erlebnisse wie diese können von manchen einfach nicht verarbeitet werden. Aber es kommen auch jetzt noch Soldaten zu uns, die nach ihren KFOR-Einsätzen [für Kosovo Force, Anm. d. Redaktion] im Kosovo vor zwölf Jahren einen langen Leidensweg durchgemacht haben und sich erst jetzt trauen, nachdem der Umgang mit Traumata selbstverständlicher geworden ist, ihre Probleme offenzulegen.

Behandeln Sie ausschließlich Soldatinnen und Soldaten oder auch Krankenpfleger, Einsatzleiter, Feldköche und so weiter?

Krankenpfleger, Ärzte, Feldköche sind ebenfalls Soldaten, und übrigens tragen auch Truppenpsychologen eine Uniform. Natürlich erfüllen sehr viele unserer Patienten die A-Kriterien, waren also Anschlagsopfer, in Kampfhandlungen verwickelt, mit Leichenteilen konfrontiert, von Verwundung oder Tod in ihrem Umfeld betroffen. Aber auch Ärzte und Sanitäter, also die typischen Helfer, stellen eine große Risikogruppe dar, auch weil sie dem Leiden oft machtlos gegenüberstanden. Meine derzeitige Traumagruppe besteht aus zwei Sanitätern, drei Kraftfahrern und einem Scharfschützen, das ist nicht repräsentativ, aber auch nicht untypisch.

Was löst den Gang zum Therapeuten aus?

Die wichtige Fähigkeit, Dinge verdrängen zu können, ging bei unseren Patienten irgendwann verloren. Wer in häufigen, zeitlich dicht aufeinanderfolgenden Einsätzen war, ist schwer belastet und kann sogenannte kumulative Traumatisierungen erlebt haben, auch im Rettungsdienst. Das Risiko steigt also mit der Zahl der Einsätze, mit Stress, Ermüdung und auch mit dem Alter an. Das gilt übrigens nicht nur für die momentan im Fokus der Medien stehende posttraumatische Belastungsstörung, sondern auch für Traumafolgestörungen oder Depressionen. Der Anstoß, sich in Behandlung zu begeben, kommt aber auch oft von außen, aus dem familiären Umfeld, von Kameraden, vom Militärpfarrer oder dem Truppenpsychologen. Gerade die Wachsamkeit unter den Kameraden ist ungeheuer wichtig und funktioniert durch Stresslehrgänge und andere Fortbildungen wirklich gut. Wenn viele und erst recht wenn Kameraden sagen: »Irgendetwas stimmt mit dir nicht, du hast dich verändert, lass dir helfen«, dann dauert es oft noch eine Weile, bis die Betroffenen es sich selbst eingestehen und Hilfe suchen, aber der erste Schritt ist gemacht.

Mit welchen Symptomen und Beschwerden kommen Traumatisierte zu Ihnen?

In erster Linie kommen sie mit unverarbeiteten Bildern. Mit Erinnerungen, die sich aufdrängen, sogenannten Intrusionen, und mit Flashbacks. Mit mehreren Sinnen sind sie wieder in der unverarbeiteten Situation, sehen Angreifer, Leichenberge, hören Maschinengewehre, riechen Blut oder Verwesung. Viele haben Albträume in der Nacht, Schlaf- oder depressive Störungen, Ängste. Oft zeigen sie Rückzugs- oder Vermeidungsstrategien, haben sich von den Familien abgekapselt, ihre Sozialkontakte gekappt, was natürlich zu weiteren Belastungen und Spannungen führt. Viele sind auch enorm angespannt, getrieben, wir nennen dies Hyperarousal. Ich habe manchmal das Gefühl, die Luft vibriert, wenn mir hier die Betroffenen gegenübersitzen, gerade auch wenn sie nicht reden.

Wie gehen Sie bei der Therapie vor? Gibt es dabei unterschiedliche Phasen?

Das kann man so sagen. In der ersten Phase geht es um die Stabilisierung, um die Wiederherstellung einer gewissen Sicherheit für den Patienten. Das gelingt mit Entspannungstechniken, mit Bewegung, oft kommt ein zuvor blockiertes Gespräch in Gang, wenn ich mit meinen Patienten hier in unseren Garten hinausgehe. Die sich anschließende zweite Phase dient der konkreten Bearbeitung der Traumata, der Konfrontation, wobei sehr genau darauf zu achten ist, wer wie viel aushält und welche Therapie passend ist. Hierbei werden die belastenden Bilder wachgerufen und bearbeitet. Neben therapeutischen Gesprächen bedienen wir uns zum Beispiel solcher Techniken wie EMDR (Eye Movement Desensitization and Reprocessing) und IRRT (Imagery Rescripting and Reprocessing Therapy). EMDR nutzt das Abflauen überbordender Gefühle beim Ansehen innerer Bilder durch pendelartige Augenbewegungen.

IRRT ruft ebenfalls die belastenden Bilder auf, bringt sie zunächst unter Kontrolle und deutet die dazugehörenden negativen Gedanken allmählich um. Aber auch Kunsttherapie hilft vielen – und natürlich das Gehaltenwerden in einer Gruppe.

Können Sie einige Fälle und den jeweiligen Lösungsansatz schildern?

Da war zum Beispiel ein Soldat, dessen Fahrzeug eine Bombe traf, durch die sein Kamerad auf dem Beifahrersitz getötet wurde. Er war danach gefangen in seinem Hass gegen die Taliban – und in seinem Schuldgefühl, dass nicht er es war, der auf dem Beifahrersitz Platz genommen hatte. Sein Hass verhinderte, dass er Trauerarbeit leistete. Genau diese holten wir dann gemeinsam nach und legten vorher nicht spürbare Gefühle der Ohnmacht offen. Der Soldat hat Briefe an seinen toten Kameraden geschrieben.

In einem anderen Fall sah ein Rettungssanitäter einen Soldaten, dem er kurz zuvor wegen eines geringfügigen Kratzers ein Pflaster aufgeklebt hatte, schwer verletzt wieder. Er hielt seine Hand, tauschte zweimal sein gesamtes Blut aus, sah ihn sterben. Bei ihm blieb das Gefühl, nicht genug für diesen Menschen getan zu haben. In diesem Fall galt es, die Selbstfürsorge des Patienten zu aktivieren, seine innere Härte zu überwinden, er musste lernen, sich selbst zu verzeihen und zu akzeptieren, dass er den anderen nicht vor dem Tod bewahren konnte.

Ein anderer Soldat litt ebenfalls unter schweren, irrationalen Schuldgefühlen. Er war mit Leichenteilen eines Kindes konfrontiert gewesen. Vor Ort hatte er versucht, alle Teile des Kindes zu finden, was ihm nicht gelungen war. Wir gingen sehr behutsam daran, in seiner Imagination alle Teile zu finden und in eine Wiege zu packen. Bei ihm ging es darum, den Gedanken, für dieses Kind verantwortlich zu sein, zu bearbeiten und ihm zu vergegenwärtigen, dass er nicht mehr tun konnte, als er getan hatte.

Was genau ist das Ziel der Therapie? Können die Patienten danach wieder ein »normales« Leben führen?

Ziel ist zunächst eine »Entängstigung«. Die Patienten erfahren, dass sie nicht »verrückt«, sondern krank sind, dass sie gute Chancen haben, die bedrohlichen inneren Bilder hinter sich zu lassen und das Trauma zu überwinden. Natürlich ist unser Ziel dann, die Patienten wieder arbeitsfähig zu machen. Aber oft erreichen sie viel mehr als das. Viele meiner Patienten erleben die Bewältigung eines Traumas als besondere Art der Reifung. Es gelingt ihnen, schlimmste Erfahrungen so zu integrieren, dass sie zu einer Lebensbereicherung werden – neue Werte werden wichtig, und es werden andere Prioritäten gesetzt.

Wie lange dauert die Therapie in etwa?

Im Schnitt behandeln wir zunächst sechs bis acht Wochen stationär, die erste Behandlungsphase dient manchmal ausschließlich der Stabilisation, hier läuft viel über Gruppentherapie. Danach arbeiten wir meist mit einem Intervallkonzept, das sich bewährt hat, auch weil die Betroffenen zwischenzeitlich wieder arbeiten. Oft beginnt die Konfrontationsphase erst mit dem zweiten stationären Aufenthalt, und viele Patienten kommen ein weiteres Mal zur Verarbeitung ihrer Traumata. Die Behandlungsdauer insgesamt liegt zwischen einem Monat und einem Jahr, je nach Vorbelastung und weiteren Erkrankungen wie Depressionen oder Angststörungen.

Gehen die meisten Ihrer Patienten zurück in ihren Beruf und auch in Kriegsgebiete?

Ja, das ist der Regelfall, und die meisten Soldaten wollen das auch unbedingt. Ein Feuerwehrmann will ja auch wieder Brände löschen, und ein Soldat will eben wieder seinen Dienst tun. Das macht seine Identität aus.

Wer entscheidet darüber, ob Soldatinnen und Soldaten wieder zurück in Kampfeinsätze dürfen oder müssen?

Das ist im Falle des Falles eine diagnostisch-gutachterliche Entscheidung. Wir vermeiden übrigens konsequent, diejenigen Patienten, die wir in der Therapie sehen, auch zu begutachten, das wäre eine Rollenkonfusion. In den wenigsten Fällen steht aber die Frage der Dienstfähigkeit überhaupt zur Diskussion; die Wiedereingliederung in den Dienst, auch mit Auslandseinsätzen, ist der Normalfall.

Gibt es Ängste bei den Betroffenen, dass sich das Outing einer posttraumatischen Belastungsstörung und eine Therapie negativ auf ihre Karriere auswirken könnte?

Natürlich gibt es solche Ängste, aber sie sind in aller Regel unbegründet, und wir versuchen, sie zu »entkatastrophisieren«. Wie gesagt, die meisten kehren zu ihrem Dienst zurück. Und die meisten Vorgesetzten wissen inzwischen, dass ein posttraumatisches Syndrom oder eine Traumafolgestörung keine persönliche Schwäche darstellt.

Ist die Psychotherapie also kasernenfähig geworden? Gelten in der Bundeswehr neben Stärke und Zähigkeit auch andere Eigenschaften als wichtig für einen »guten Soldaten«?

Kasernenfähig ist die Psychotherapie nicht, dazu gibt es viel zu wenige Fälle, doch das Verständnis für psychische Erkrankungen ist im letzten Jahrzehnt deutlich gewachsen. Tatsächlich kasernenfähig ist aber ein neues Verständnis von Prävention. Es gibt neue geschätzte Qualitäten, die wir unter dem Begriff psychische Fitness zusammenfassen und die stabilisierend und stützend wirken: zum Beispiel Dinge kommunikativ zu verarbeiten, statt sie zu verdrängen. Im internationalen Vergleich ist die Zahl von 730 deutschen Soldaten im Jahr 2010, die wegen Traumaerkrankungen bei uns und anderswo behandelt wurden, relativ gering. Ein wesentlicher Grund dafür ist die exzellente Einsatzvorbereitung, ein weiterer sind die kürzeren Verbleibzeiten in den Krisengebieten etwa im Vergleich zu US-amerikanischen Soldaten.

Welche Rolle spielen Partner, Kinder, Freunde und Bekannte? Beeinflusst das soziale Umfeld auch die persönliche Entwicklung während einer Therapie positiv oder negativ?

Selbstverständlich, das soziale Umfeld kann sehr unterstützend sein, aber auch zum Risikofaktor werden. Wir untersuchen derzeit Resilienzfaktoren, also das, was widerstandsfähig macht. Der Halt in der Gemeinschaft, eine intakte Familie und gute Freunde gehören dazu. Unverständige Vorgesetzte oder Partner, eine Trennungssituation oder kranke Kinder hingegen können zu einer Chronifizierung traumatischer Erkrankungen führen oder sie verstärken.

Gibt es andere Arten der Prävention, um einem posttraumatischen Belastungssyndrom vorzubeugen?

Allerdings. Wir haben in der Bundeswehr ein medizinisch-psychologisches Rahmenkonzept zur Vorbereitung, Begleitung und Nachbereitung von Einsätzen. Zur Vorbereitung gehören Stressbewältigungsseminare, Einführungen in Entspannungsverfahren, Seminare zur psychischen Fitness und auch das Sprechen über den Tod. Während des Einsatzes unterstützen wir die Soldaten durch ein psychosoziales Netz, das aus dem Truppenpsychologen, dem Militärpfarrer sowie den Truppenärzten besteht. Sehr wichtig sind auch die Peergroups, kleine Gruppen von Soldaten, die untereinander aufpassen, dass es den anderen gutgeht. Nach einem Einsatz wird jeder Soldat vom Truppenarzt untersucht und besucht ein Seminar zur Einsatznachbereitung. Wir arbeiten derzeit daran, diese Maßnahmen noch wirkungsvoller und spezifischer auszuarbeiten, damit denjenigen, die »angeknackst« sind, möglichst noch schneller geholfen werden kann.

Dürfen Angehörige nach der Heimkehr eines Soldaten oder einer Soldatin auch auf eigene Initiative zu Ihnen kommen, wenn ihnen ihr Partner oder ihre Partnerin verändert scheint? Und gibt es weitere Hilfsangebote?

Viele Frauen von Soldaten nutzen unser Internetangebot für Anfragen, und es kommen auch verzweifelte Frauen zu mir, deren Familien leiden, weil die Männer noch nicht bereit für eine Therapie sind. Wir bieten Paargespräche für Betroffene an und ganz aktuell im Rahmen einer Studie auch präventive Paartrainings. Gemeinsam mit der Militärseelsorge und dem sozialen Dienst planen wir derzeit eine Projektwoche für Angehörige. Für ganz akute Fälle steht ein Notfalltelefon zur Verfügung. Konkret zur PTBS gibt es die hilfreichen Websites www.angriff-auf-die-seele.de und www.ptbs-hilfe.de. Diese versammeln viele Informationen, unter anderem auch einen Onlinetest, der eine erste anonyme Selbsteinschätzung ermöglicht. Erwähnen möchte ich außerdem unseren sozialen Dienst, der viele Familien dabei unterstützt, sich durch schwere Zeiten zu navigieren.

Wie gehen Traumatisierte eigentlich miteinander um? Meiden sie sich? Suchen sie sich?

Die Sozialisation von Soldaten beruht auf dem Prinzip der Kameradschaft. Ja, sie suchen sich. Deswegen funktionieren die Traumagruppen so gut. Die Soldaten wissen: Die anderen verstehen mich, sprechen die gleiche Sprache. Oft treffen sich sogar in den Gruppen Bekannte wieder, die Bundeswehr ist ein sehr überschaubares Gebilde. Und genau dieser Zusammenhalt ist eine enorme Ressource, die ich in der Therapie nutze. Die Kehrseite ist, dass viele sagen: »Meine Frau zu Hause versteht mich nicht.« Aber auch daran kann man arbeiten.

Wie schützen Sie sich davor, dass die belastenden Erlebnisse der Soldatinnen und Soldaten Ihnen selbst schlaflose Nächte bereiten?

Das frage ich mich auch des Öfteren. Manchmal hilft mir mein Garten – ich wühle gern in der Erde. Und natürlich schützt der Kontakt zu Kollegen, die regelmäßige, wöchentlich stattfindende Supervision. Vertraute Kollegen, die ich gut kenne, haben auch ausdrücklich die Erlaubnis, mich zu warnen. Außerdem tausche ich mich mit Kollegen aus. Trotzdem gibt es immer wieder Fälle, die einem sehr zu Herzen gehen. Man kann nicht alles mit professioneller Gelassenheit abtun. Doch letztlich versuche ich mir auch klarzumachen, dass ich nicht die Retterin aller Traumatisierten sein kann, sondern bei allem Enthusiasmus einen Beruf ausübe, eine Dienstleistung erbringe.

Christina Alliger-Horn ist Leitende Klinische Psychologin des Traumazentrums am Bundeswehrkrankenhaus Berlin im Rang einer Regierungsdirektorin. Am Institut für Verhaltenstherapie Brandenburg praktiziert sie als Verhaltenstherapeutin und Klinische Psychologin und ist zudem als Supervisorin tätig. 2010 begann sie mit einer Dissertation zum Thema »Kognitiv-behaviorale Therapie einsatztraumatisierter Soldaten«.

DIE SCHUL-PSYCHOLOGEN

»Eltern, Lehrer und Schüler unter einen Hut bringen«

Text: Anne Otto

Ob Schüler, Eltern, Lehrer, Schulleiter – wer in der Schule psychologische Hilfe braucht, kann sich an den schulpsychologischen Dienst wenden. Entsprechend haben Schulpsychologen wie Hansjürgen Kunigkeit und Marla Consalter sehr unterschiedliche Aufgaben: Sie sind Testspezialisten, Supervisoren, Konflikttrainer und manchmal sogar Organisationsentwickler.

Es gibt da dieses Klischee vom Schulpsychologen: Er sitzt in seinem Büro abseits des Lehrerkollegiums, berät Schüler, die Probleme haben, oder führt Leistungstests durch – und wirkt wie ein Satellit, der irgendwo über dem normalen Schulalltag schwebt. »So ähnlich sah in den 1980er Jahren die Realität in den meisten Bundesländern wirklich noch aus«, erklärt Hansjürgen Kunigkeit, Leiter der regionalen Schulberatung im Rhein-Erft-Kreis. »Heute ist dieses Bild allerdings komplett überholt«, fügt der 55-Jährige hinzu.

So wie Lehrer heute nicht mehr nur für den Unterricht zuständig sind, sondern auch täglich mit Eltern sprechen, in Sonderkonferenzen und Expertenzirkeln sitzen und Arbeitsgruppen leiten, haben sich auch die Aufgaben der Schulpsychologen in den letzten Jahrzehnten verändert und vervielfacht: Sie unterstützen Lehrer, die vor dem Burnout stehen, beraten Eltern, deren Kinder eine Klasse überspringen wollen, und begleiten als eine Art Change-Manager Veränderungsprozesse von ganzen Kollegien. Statt in einer Satellitenfunktion sieht Kunigkeit ein Schulpsychologenteam heute eher als eine Art Basislager, in dem Schüler, Eltern, Lehrer und Schulleiter gleichermaßen psychologische Hilfe und Know-how bekommen können. »Wir arbeiten hier mit einer Komm-Struktur«, erklärt Kunigkeit. Das heißt: Jeder, der im System Schule ein psychologisches Problem hat, kann anrufen – das Team steht in den Startlöchern.

Tatsächlich sind in der regionalen Beratungsstelle morgens um halb acht bereits die meisten Büros besetzt. Auf den zwei Etagen arbeiten hier fünf Psychologen, bereiten Schulbesuche vor oder telefonieren mit Lehrern. Im Wartebereich, wo Kisten mit Spielzeug auf dem Boden und bunte Kinderbücher im Regal stehen, sitzt ein Vater mit seiner achtjährigen Tochter. Die beiden kommen zu einer Testung. »Jeder der Kollegen hier hat zu den allgemeinen Aufgaben noch ein bestimmtes Spezialgebiet«, erklärt Kunigkeit. Es gibt eine Expertin für Teilleistungsschwächen und eine für Hochbegabung, einige Kollegen haben sich auf Schulungstage mit Lehrern zu Themen wie »gesunde Schule« und »Gewaltprävention« spezialisiert. »Anders würde das hier auch gar nicht gehen«, so Kunigkeit, denn das Aufgabenfeld, das Schulpsychologen heute bearbeiten müssen, ist beinahe unüberschaubar groß geworden.

Effizientes Arbeiten, Teamarbeit und Arbeitsteilung sind in der Schulpsychologie auch noch aus einem anderen Grund wichtig: Der Betreuungsschlüssel, mit dem gearbeitet wird, ist fast schon absurd niedrig. Auf einen Psychologen kommen etwa 8000 Schüler und 400 Lehrer. Und das sind nur die Zahlen für den gut aufgestellten Dienst im Rhein-Erft-Kreis. In anderen Teilen von Nordrhein-Westfalen und erst recht in anderen Bundesländern ist das Verhältnis schlechter. In Niedersachsen beispielsweise teilen sich etwa 20 000 Schüler einen Schulpsychologen. Auf die Frage, ob man mit so einer kleinen Zahl von Mitarbeitern überhaupt vernünftig arbeiten kann, reagiert Kunigkeit sehr differenziert. Auf einer politischen Ebene seien sich mittlerweile alle Beteiligten einig, dass es viel zu wenig Schulpsychologen in Deutschland gebe. Ziel sei, sich nach und nach an skandinavische Maßstäbe anzupassen, also eine Psychologenstelle pro 1000 Schüler einzurichten. Seit Beginn seiner Berufstätigkeit setzt sich der Psychologe deshalb mit anderen Kollegen dafür ein, dass Stellen aufgestockt und Gelder bewilligt werden. Nach dem Amoklauf von Emsdetten im Jahr 2006 sei es in Nordrhein-Westfalen dann auch tatsächlich gelungen, 50 neue Landesstellen für Schulpsychologen zu schaffen, weil der dramatische Mangel an psychologischen Fachleuten im Schulbetrieb plötzlich unübersehbar wurde.

»Für die alltägliche Beratungsarbeit ist es allerdings kontraproduktiv, sich über den Mangel zu definieren«, erklärt Kunigkeit weiter. Seine Kollegen und er beobachten zwar immer wieder, dass viel mehr Lehrer überlastet und gestresst sind als früher und dass etwa 20 Prozent aller Schüler im Laufe der Schulzeit Auffälligkeiten von Schuleschwänzen bis Prüfungsangst entwickeln. »Wir registrieren den Bedarf, aber das alles ist kein Grund für Schwarzmalerei«, findet der Psychologe. »Eher geht es darum, effiziente Konzepte zu entwickeln.«

Konkret bedeutet dies, dass sich die Psychologen beim Einsatz in einer Schule nicht mehr nur auf den Einzelfall konzentrieren, sondern immer auch schauen, welche psychologischen Hilfsmittel sie zur Verfügung stellen können, damit sich Lehrer, Eltern und Schüler bei ähnlichen Fällen selbst helfen können. Mit so einer pragmatischen Form der Schulentwicklung könne man viel bewirken, ist Kunigkeit sicher – denn dadurch mache sich ein Schulpsychologe zumindest im Schulalltag auf Dauer entbehrlich.

Anschaulich lässt sich diese Arbeitsweise an einem Anti-Mobbing-Team erklären, das Kunigkeits Kollegin Marla Consalter in einem Gymnasium in Brühl eingerichtet hat. Die Psychologin wurde zunächst für einen Einzelfall in die Schule gerufen: Einer engagierten Lehrerin war aufgefallen, dass ein Mädchen in ihrer achten Klasse von den Mitschülern drangsaliert wurde. Man hänselte die Jugendliche wegen ihrer unmodischen Kleidung, nahm ihr die Schultasche weg, keiner wollte mehr neben ihr sitzen. Der Terror ging so weit, dass das Mädchen anfing, in der Schule schlechter zu werden. Als Marla Consalter das erste Mal mit der Klassenlehrerin sprach, hörte sie nur zu. Und machte dann den Vorschlag, einem interessierten Lehrerteam ein paar Stunden Schulung in Sachen Mobbingbekämpfung zu geben. Zeitnah lernte also eine Handvoll Lehrer, wie man Mobbing erkennt, verhindert und eindämmt. Gleichzeitig wurde das erworbene Wissen sofort im bestehenden Konflikt umgesetzt: Die Drahtzieher der Klasse wurden ohne Vorwarnung aus dem Unterricht gerufen und in Einzelgesprächen mit je einem Lehrer zu ihrem aggressiven Verhalten befragt. Absprachen wurden getroffen, Sanktionen angedroht: Sollte der Psychoterror weitergehen, würden die Eltern der Täter informiert. »Nur dieses erste Gespräch hat schon eine durchschlagende Wirkung gehabt«, erinnert sich die Klassenlehrerin Dagmar Rösner (Name geändert). Von den fünf Haupttätern stiegen drei sofort aus, in der Klasse wurde es wieder ruhiger, nur zwei notorisch pöbelnde Jungen mussten überhaupt noch zu einem zweiten Gespräch kommen. Es lief tatsächlich so, wie die Psychologin es in der Theorie erklärt hatte: Wenn Mobbing offen angesprochen und auch von den Lehrern nicht verharmlost wird, verliert die negative Gruppendynamik sofort an Schärfe. »Es ist außerdem wichtig, dass man den Tätern signalisiert, dass sie es sind, die gehen müssen, wenn es hart auf hart kommt«, erklärt Consalter, die aus Studien und aus Erfahrung weiß, dass meist die Opfer die Schule wechseln, aber nur selten die Täter.

Das Anti-Mobbing-Team hat im Kollegium schnell Anklang gefunden. Schon in etwa acht ähnlichen Fällen ist es in den letzten zwei Jahren aktiv geworden, fast immer mit Erfolg. Weiterer Nebeneffekt: Marla Consalter ist in der Schule mittlerweile bekannt und geschätzt. Sobald sie die Pausenhalle betritt, ist sie von Lehrern umringt, die Gesprächstermine mit ihr vereinbaren wollen. »Für die Zusammenarbeit ist es natürlich gut, wenn wir in einer Schule bereits bekannt sind«, erklärt Consalter. »Es gibt dann kurze Wege, und wir können vieles zum Positiven wenden.« Um sich in ein Lehrerkollegium einzubringen, braucht ein Schulpsychologe generell ein hohes Maß an sozialer Kompetenz. Denn ein wichtiger Grundsatz der Schulpsychologie ist Freiwilligkeit. Kein Schüler und kein Lehrer kann zum Kontakt mit dem Schulpsychologen gezwungen werden.

Ein weiterer wichtiger Grundsatz der Psychologen heißt Neutralität. Als Außenstehende und Expertin für systemische Prozesse nimmt die Psychologin beispielsweise nie direkt Partei für Schüler, Lehrer oder Eltern, sondern versucht, im Gespräch möglichst unparteiisch alle Standpunkte deutlich zu machen und die Kommunikation so zu lenken, dass eine gemeinsame Lösung möglich wird. Häufig sei die Hauptfunktion der Psychologen, Klärung zu ermöglichen. »Wenn wir Konflikte und Standpunkte verdeutlichen, bringt das allein oft schon eine positive Veränderung«, erklärt Consalter. Gerade in Gesprächen zwischen Lehrern, Schülern und Eltern sei es manchmal verblüffend, wie rasch sich Unstimmigkeiten aufklären, sobald die Parteien einander verstehen und mit geklärtem Blick aufeinanderschauen.

Deutlich heikler ist es gelegentlich, die Erwartungen von Eltern, Lehrern und Schülern unter einen Hut zu bekommen, sobald es um Leistungstests geht. Im Rhein-Erft-Kreis ist Marla Consalter, die vorher an einem Hochbegabtenzentrum gearbeitet hat, für die Leistungstests zuständig. Außerdem führt sie mit Schülern, die getestet werden, Gespräche. Meist belaufen sich die Kontakte auf insgesamt vier Stunden. Es geht in diesen Leistungs- und Lernberatungen um die unterschiedlichsten Fragen: ob ein Zweitklässler eine Klasse überspringen oder eine Fünftklässlerin die Klasse wiederholen soll, ob ein Kind, das häufig den Unterricht stört, möglicherweise eine Wahrnehmungsstörung hat. Was nach einer klaren Fragestellung klingt, ist oft ein Balanceakt. Häufig kommen Eltern mit der Vermutung, ihr Kind sei hochbegabt, und lassen es deshalb testen. So ist es auch bei dem neunjährigen Jungen, der heute den zweiten Teil eines Leistungstests absolviert. Die Idee von Hochbegabung war aufgekommen, weil sich der Junge im Unterricht oft unkooperativ verhalten hatte. Während eines kurzen Gesprächs mit den Eltern turnt der Junge minutenlang auf seiner Stuhllehne herum, die Eltern lassen ihn gewähren. »Diese Sequenz hat meine Vermutung bestätigt, dass es sich hier nicht um ein Begabungsthema, sondern um ein Erziehungsthema handelt«, erklärt die Psychologin. Denn obwohl der Junge Intelligenzwerte im oberen Drittel erzielt hat, könne das allein kein Grund für seine mangelnde Teilnahme am Unterricht sein. »Ähnliche Intelligenzwerte haben bestimmt noch fünf andere Kinder in der Klasse«, erklärt Consalter. Wenn die Psychologin einzelne Testergebnisse anhand der Normalverteilungskurve erklärt, merkt man sofort: Hier spricht eine Expertin, die nicht nur Werte deutet, sondern auch die Grenzen von Tests kennt. Die Kompetenz der Psychologin scheint die Eltern des Jungen auch sofort einzunehmen. Weniger begeistert sind sie über Consalters Vorschlag, statt in ein Hochbegabtentraining zu einer Erziehungsberatung zu gehen. Dennoch versprechen die Eltern, sich an die Empfehlung zu halten.

Es ist allerdings nicht selbstverständlich, dass den Vorschlägen der Psychologin Folge geleistet wird. Wenn Schulpsychologen ihr Wissen über psychische Störungen oder besondere Begabungen zu einer Beurteilung machen, berühren Sie damit einen Kompetenzbereich, den Eltern und Lehrer gerne für sich selbst beanspruchen. »Es ist also Fingerspitzengefühl angesagt«, erzählt Consalter. Wenn beispielsweise ein erfahrener Lehrer denkt, ein Kind sei überfordert, in einer Testung aber herauskommt, dass der betreffende Schüler tatsächlich hochbegabt ist, hat das für den Lehrer zwei Auswirkungen: Er muss seine eigene Einschätzung revidieren, und er hat mehr Arbeit als bisher, weil der hochbegabte Schüler Extraaufgaben braucht, um sich weiterzuentwickeln. Consalter macht den Lehrern in solchen Fällen zwar konkrete Vorschläge, auf eine hundertprozentige Umsetzung kann und will sie aber nicht drängen.

Hansjürgen Kunigkeit ist derweil ein Stockwerk höher mit einer ganz anderen Frage beschäftigt. Eine Schulleiterin, die er schon länger kennt, erzählt bedrückt am Telefon, dass einer ihrer Schüler bei einem Autounfall ums Leben gekommen ist. Zusammen mit dem Psychologen geht die Schulleiterin die Schritte durch, die jetzt zu tun sind: Elternbriefe schreiben, die Klassenlehrer informieren, sodass diese den Todesfall mit ihren Schülern besprechen können. Weiterer Schritt: Die Lehrer sollen in den folgenden Tagen verstärkt darauf achten, welche Schüler besonders von der Nachricht betroffen sind, gegebenenfalls das Gespräch suchen.

Dass Kunigkeit es in diesem Fall erst mal bei einem Telefongespräch belässt, hat einen Grund: In der betreffenden Schule wurde bereits vor Jahren ein Krisenteam mit Lehrern gebildet, das durch eine Psychologin geschult wurde. »Dadurch wird vieles aufgefangen«, erklärt Kunigkeit und sieht dies als ein weiteres Beispiel für das Prinzip, den Schulen langfristige Hilfe zur Selbsthilfe anzubieten. Zum Abschluss des Gesprächs vereinbart der Psychologe trotzdem mit der Schulleiterin, dass sie sich noch einmal melden kann, falls sie merkt, dass einzelne Schüler verstärkte Trauerreaktionen zeigen. In dem Fall würde dann ein Psychologe aus dem Team in die Schule kommen und mit einzelnen Schülern sprechen.

Generell ist die Einführung von Krisenteams in Schulen eine Entwicklung der letzten zehn Jahre. Bei Lehrern und Schülern stieg die Angst vor Amokläufen, Schulpsychologen wurden häufig um Rat gefragt, haben deshalb Lehrerfortbildungen zum Thema Kriseninterventíon konzipiert und Krisenteams gebildet. »Wir versuchen immer wieder, auf aktuelle Entwicklungen zu reagieren«, sagt Kunigkeit. Ein weiteres Segment, das sich die Schulpsychologie in den letzten Jahrzehnten neu erarbeitet hat, ist der Bereich Lehrergesundheit. Mitte der 1990er Jahre wurde das Thema »Burnout bei Lehrern« plötzlich in den Medien populär und spiegelte tatsächlich eine Überforderung vieler Lehrkräfte durch unkonzentrierte und renitente Schüler, zu große Klassen und überbesorgte Eltern wider. Die Schulpsychologen im Rhein-Erft-Kreis und in vielen anderen Diensten entwickelten deshalb Schulungen zum Thema Lehrergesundheit und verstärkten das Angebot von Lehrersupervision. In solchen Gruppen, die etwa alle sechs Wochen stattfinden, berichten Lehrer offen von Schülern, die ihnen Sorgen oder Angst machen, schildern Konflikte mit Kollegen oder Überforderungsgefühle. Im geschützten Rahmen fühlen sich die Lehrer sicher, oft ist die Stimmung konzentriert und empathisch, gelegentlich fließen Tränen, oder es wird schallend gelacht. »Solche Gruppen stärken den einzelnen Lehrer und das ganze System Schule«, ist Hansjürgen Kunigkeit überzeugt.

Nicht nur auf der Ebene der Einzelfallarbeit zu bleiben, sondern auch beraterisch bei der Entwicklung von Schulen mitzuarbeiten, das hat sich der Psychologe schon ganz am Anfang seiner Berufstätigkeit vorgenommen. Und obwohl er in den ersten Jahren hauptsächlich Schüler testete, hat er sich Jahr für Jahr durch entsprechende Fortbildungen immer mehr auf die Organisationsebene vorgearbeitet: Erst hat er Schüler beraten, dann Lehrer, irgendwann Schulleiter supervidiert, und heute berät er sogar ganze Schulkollegien und die Schulaufsicht. Also hat Hansjürgen Kunigkeit nicht nur die Schule weiterentwickelt, sondern auch das System Schule ihn. Und das ist nun wirklich eine erfreuliche Wechselwirkung.

PSYCHOLOGIE STUDIEREN

Die wichtigsten Fragen und Antworten

Psychologie ist ein beliebtes Studienfach: Über 44.000 Menschen waren in 2010 in Deutschland in diesem Fach eingeschrieben, derzeit (Stand 2013) kann man hierzulande an 49 staatlichen Universitäten Psychologie im Hauptfach studieren. Das sind deutlich mehr Möglichkeiten, als noch vor einigen Jahren. Aber obwohl die Zahl der Hochschulplätze für das Fach gestiegen ist, gibt es bis heute deutlich mehr Bewerber, als Studienplätze vorhanden sind.

In den letzten Jahrzehnten wurde das Fach Psychologie meist in den Kanon der Geistes-, Kultur- oder Sozialwissenschaften eingeordnet. Das hat sich geändert, viele Fachleute rechnen das Fach inzwischen eher den Naturwissenschaften zu. Dafür spricht, dass die Studieninhalte stark auf streng wissenschaftliches Arbeiten und Mathematik ausgerichtet sind – fundierte statistische Kenntnisse sind beispielsweise wichtig, um psychologische Studien zu konzipieren, menschliches Verhalten zu messen und die Daten anschließend auszuwerten. Außerdem spielen Fragestellungen aus der Biologie eine wichtige Rolle: Berührungspunkte sind nicht nur Evolution, Genetik und Entwicklung, sondern auch das Zusammenwirken von Körper und Seele (Psychosomatik). Ein Teilgebiet der Psychologie, die Biopsychologie, widmet sich diesem wechselseitigen Einfluss; dort forscht man unter anderem, wie sich Körpervorgänge auf unser Denken, Fühlen und Handeln auswirken – und wie wir umgekehrt, mit unseren Gedanken, Gefühlen oder Verhalten wiederum (bewusst oder unbewusst) biochemische, neuronale und hormonelle Prozesse beeinflussen.

Wer mit einem Psychologiestudium liebäugelt, sollte also wissen, dass biologische Themen und vor allem Forschungsmethoden und Statistik eine wichtige Rolle spielen.

Ist ein Psychologiestudium das Richtige für mich?

Bringe ich überhaupt die Voraussetzungen mit, entspricht das Studium inhaltlich meinen Interessen und Neigungen? Wer daran zweifelt, hat die Möglichkeit, anonym einen Eignungstest zu absolvieren, der von Psychologen entwickelt wurde. Darin wird unter anderem die Einstellung zu Lernen und Leistung geprüft, er enthält auch Aufgaben zum Textverständnis auf Deutsch und Englisch (denn viele Texte, die im Zuge des Studiums gelesen werden, gibt es nur in dieser Sprache). Ein weiterer Teil sind Mathematikaufgaben. Denn, wie schon erwähnt, das Psychologiestudium ist zahlenlastig. Rund 30 bis 40 Prozent der Curricula (Studienpläne) machen statistische Übungen sowie Forschungs- und Methodenlehre aus. Der Test findet sich auf der Webseite der Goethe-Universität in Frankfurt am Main. Zum Test geht es hier: http://www.psychologie.uni-frankfurt.de/Self-Assessment_-_Psychologie/index.html.)
Studierende der Uni Hamburg haben einen kleinen Film gemacht, in dem sie berichten, was ein Psychologiestudium ausmacht – und was es nicht ist. Auf der Seite findet sich auch ein kleiner Test, ob das Studium zu einem passt.

Mehr hier: http://www.stups.uni-hamburg.de/index.php?option=com_content&view=article&id=54&Itemid=61)

Welche Studienabschlüsse gibt es?

Dass die Psychologie heute den Naturwissenschaften zugerechnet wird, zeigen auch die Bezeichnungen der neuen Studienabschlüsse, sie heißen nun »Bachelor of Science« (B. Sc.) und »Master of Science« (M. Sc.). Die Begriffe »Bachelor« für den ersten und »Master« für den weiterführenden Grad sind angelehnt an die Begriffe der akademischen Grade in englischsprachigen Ländern. Was die Anhänge (»of Science«) angeht, so hatte die Kultusministerkonferenz im Jahre 2003 lediglich festgeschrieben, dass Abschlüsse in den Naturwissenschaften mit dem Zusatz »of Science« belegt werden sollen, während beispielsweise für Kultur-, Sozial oder Sprachwissenschaften der Anhang »of Arts« lauten soll.

Die Deutsche Gesellschaft für Psychologie (DGPs), eine Vereinigung der in Forschung und Lehre tätigen Psychologen, empfahl in einer Stellungnahme, hier »of Science« zu wählen, um damit die Zugehörigkeit der Psychologie zu den Naturwissenschaften zu betonen. Inzwischen haben sich diese Bezeichnungen – Bachelor of Science (B. Sc.) und Master of Science (M. A.) – für die neuen Studienabschlüsse im Fach Psychologie durchgesetzt.

Noch vor einigen Jahren war in Deutschland der gängige Studienabschluss im Fach Psychologie das »Diplom«. Der Wandel begann im Jahre 1999, als europäische Bildungsminister auf der sogenannten »Bologna-Konferenz« verabredeten, die Studienabschlüsse innerhalb der EU künftig einheitlich zu gestalten. Dahinter steckt die gute Idee, dass die akademischen Zertifikate dann gegenseitig anerkannt werden. Man wurde sich einig und beschloss in Deutschland, den einstufigen Diplomstudiengang auslaufen zu lassen und durch ein zweistufiges System zu ersetzen. Der erste akademische Grad wird nun Bachelor genannt, der darauf aufbauende höhere Grad heißt Master. Der Studiengang Diplompsychologie verschwindet allmählich – nur wer schon länger im Fach eingeschrieben ist, schließt noch nach der alten Prüfungsordnung das Studium als Diplompsychologe ab.

Das neue Studium verläuft in zwei Etappen: Die erste Stufe schließt mit dem Bachelor of Science (B. Sc.) ab, daran anschließend kann man den Masterstudiengang beginnen, der mit Master of Science (M. Sc.) abschließt. In bestimmten Fällen ist auch ein Masterstudium als Quereinstieg über andere Hauptfächer und Studienabschlüsse möglich. Nur wer den Mastergrad erreicht hat, darf sich »Psychologe« nennen. Für welche Berufe und Tätigkeiten ein Bachelorabschluss qualifiziert, darüber spricht Fredi Lang vom Berufsverband Deutscher Psychologinnen und Psychologen im Interview auf Seite 206.

Wie kommt man an einen Studienplatz?

Der typische Einstieg in ein Studium führt über das Abitur. Aber wer die Hochschulreife nicht hat, muss nicht unbedingt aufgeben. In vielen Bundesländern ist auch ein Zugang über den sogenannten dritten Bildungsweg möglich. In der Regel braucht man dann einen Realschulabschluss, zusätzlich eine staatlich anerkannte Berufsausbildung sowie mehrere Jahre Berufserfahrung. Mehr Informationen zum Studieren ohne Abitur bekommt man hier: www.dgps.de/studium/fragen/ohne-abitur.php

Wie in anderen sehr begehrten Fächern auch – beispielsweise Biologie, Philosophie oder Humanmedizin – gibt es in Psychologie einen Numerus Clausus (NC). Er bezeichnet, genau genommen, das Verhältnis zwischen Ausbildungsplatz- und Bewerberzahl an einer bestimmten Hochschule. Umgangssprachlich setzt man den NC mit dem Abiturnotenschnitt gleich – er bezeichnet den Wert, mit der man gerade noch einen Studienplatz im gewünschten Fach an der gewählten Hochschule ergattern kann. Dazu ein Beispiel: Der NC an der Uni Hamburg lag im Wintersemester 2012/2013 für ein Bachelorstudium im Fach Psychologie bei 1,4. Das bedeutet, wer ein Abitur mit dem Schnitt 1,4 vorlegen konnte, wurde gerade noch zugelassen.

Da nur wenige ein so herausragend gutes Abitur vorweisen können, ist dieser Weg zum Psychologiestudium für viele blockiert. Aber das ist kein Grund, den Plan schon aufzugeben: Zum einen variiert der NC von Hochschule zu Hochschule etwas, es lohnt sich also zu vergleichen und sich auch bei einer Universität in einer weniger beliebten Stadt zu bewerben; zum anderen werden über den *Abiturschnitt* nur etwa die Hälfte der Studienplätze vergeben. Es gibt noch weitere Zugangswege.

Wer über den *Notenschnitt* keine Chance hat, kann es über den zweiten Weg, die *Wartezeit,* versuchen. Nach diesem Kriterium werden rund 10 bis 25 Prozent der Studienplätze verteilt. Was viele nicht wissen: Bei der Berechnung zählen automatisch *sämtliche* Semester, die seit dem Abitur verstrichen sind. Wer also seit dem Abitur erst einmal einen Beruf gelernt oder Zeit im Ausland verbracht hat, kann diese Zeit als »Wartezeit« auf einen Platz verbuchen. Einzige Ausnahme: Man darf währenddessen nicht in Deutschland studiert haben. Wer über diesen Weg gehen möchte, muss Geduld mitbringen – bis man einen Platz bekommt, kann es eine Weile dauern: Beispielsweise mussten Bewerber mindestens 10 Wartesemester (5 Jahre) vorweisen, um über diesen Weg im Wintersemester 2012/13 im Fach Psychologie in Hamburg einen Bachelorstudienplatz zu bekommen.

Was tun, wenn man nicht so lange warten kann oder will? Viele Unis bieten einen dritten Weg an. Dabei handelt es sich um besondere *Auswahlverfahren* der Hochschulen, die nicht einheitlich ausfallen: Bei einigen Unis hat man Chancen, wenn man eine Berufsausbildung vorweisen kann, die dem Fach Psychologie verwandt ist; andere Hochschulen schauen eher nach Noten in bestimmen Schulfächern; wieder andere laden Bewerber zum persönlichen

Gespräch ein, um sich ein Bild der Person zu machen. Mehr Infos zu allen drei Auswahlverfahren: Abiturschnitt, Wartezeit, Auswahl der Hochschulen, gibt es hier: http://www.nc-werte.info/studiengang/psychologie/.

Wer über keinen der drei genannten Zugangswege einen Studienplatz ergattern kann, für den kommt eventuell ein **Auslandsstudium** in Frage. Mehr dazu steht im Kapitel **Studieren im Ausland** ab Seite 193.

Wie lange dauert ein Psychologiestudium?

Die Bologna-Richtlinien erlauben drei Varianten für die Regelstudienzeit: 6 Semester für das Bachelorstudium plus 4 Semester Masterstudium; 7 Semester Bachelorstudium plus 3 Semester Masterstudium; 8 Semester Bachelorstudium plus 2 Semester Masterstudium. Die meisten Hochschulen bieten heute die erste Variante an, und diese Verteilung (6 Bachelor- plus 4 Mastersemester) wird auch von der DGPs empfohlen.

Die Regelstudienzeiten sind Richtlinien, auf welche Dauer das Studium angelegt ist. Von Studierenden wird derzeit nicht verlangt, diesen Zeitrahmen punktgenau einzuhalten. Sind die Zeiträume realistisch, ist ein Bachelorstudium in dieser Zeit zu schaffen? Die DGPs führte 2012 ein Befragung unter Studierenden durch: »Danach kann man schätzen, dass die durchschnittliche Studiendauer im Bachelor zwischen 6,5 und 6,7 Semestern liegt. Für die Masterstudiengänge liegen noch keine ausreichenden Daten vor«, so Roland Deutsch von der DGPs.

Wer beispielsweise wegen Kindern, die er betreut, das Studienpensum nicht schaffen kann, für den bieten einige Universitäten auch ein Teilzeitstudium an. Oft wird dann pro Semester nur die halbe Leistung verlangt – und entsprechend verlängert sich das Studium auf die doppelte Zeit.

Wo kann man Psychologie studieren?

In Deutschland bieten 49 staatliche Universitäten ein Psychologiestudium an. Neben den klassischen Universitäten und der FernUniversität Hagen – bei der man nur für Prüfungen anwesend ist und sonst »fern« studiert – bieten auch immer mehr private Hochschulen und Fachhochschulen Studiengänge für das Fach Psychologie an. Der Abschluss »Bachelor of Science« lässt sich an 13 dieser Hochschulen machen, 6 private Hochschulen oder Fachhochschulen stehen für ein Masterstudium bereit. Bei der Recherche, in welcher Stadt welche Institute welche Studiengänge anbieten, hilft die Suchmaschine der DGPs: http://www.dgps.de/studium/studienorte/.

Wer nicht auf einen bestimmten Ort zum Studieren festgelegt ist, hat allein in Deutschland eine reiche Auswahl an staatlichen Universitäten und Fachhochschulen, die Psychologie als Hauptfach anbieten. Für einige kommen zusätzlich noch die privaten Hochschulen in Betracht – die man sich allerdings leisten können muss. Was unterscheidet die einzelnen Ausbildungsstätten?

An den staatlichen Universitäten sind inzwischen in fast allen Bundesländern die Studiengebühren wieder abgeschafft, insofern ist das Studieren günstig. Die Universitäten sind meist groß, das Fächerspektrum daher oft am breitesten. Akademische Grade der Fachhochschulen galten bis zur Bolognareform als minderwertig im Vergleich zu den klassischen Uniabschlüssen. Das ist nun nicht mehr der Fall. Die Abschlüsse an den Fachhochschulen sind denen der Universitäten nun völlig gleichgestellt. Bei den privaten Hochschulen muss man Studiengebühren bezahlen. Diese variieren stark, mit 500 bis 700 Euro pro Semester ist zu rechnen. Neben dem Nachteil der hohen Kosten herrscht hier meist ein kleineres Fächerangebot. Es gibt aber auch Vorteile: Abiturnoten spielen in der Regel keine Rolle, Bewerber werden nach anderen, hochschulinternen Kriterien ausgewählt.

Eine weitere Ausbildungsmöglichkeit bietet die FernUniversität Hagen, die seit 2008 ein Bachelorstudium in Psychologie anbietet. Dabei handelt es sich um eine bundesfinanzierte Fernuniversität ohne Zulassungsbeschränkungen. Dort kann also jeder studieren, es wird nicht ortsgebunden gelernt, sondern von zuhause aus, am eigenen PC. Das Kursmaterial kommt per Post, außerdem gibt es einen Code für den Zugriff auf einen virtuellen Lernraum. Ein Fernstudium kommt vor allem Berufstätigen entgegen, denn die freie Gestaltung birgt auch Nachteile: Man lernt nicht automatisch andere Studierende kennen – insofern studiert man eher für sich allein. Zum Hauptsitz der Fernuniversität fährt man (wenn überhaupt) nur für einige wenige Prüfungen. Gebühren fallen für Lehrmaterial und Prüfungen an. Derzeit kostet ein gesamtes Bachelorstudium in Psychologie 1.800 Euro (Stand März 2013).

Welche Hochschulform sich am besten eignet, muss jeder selbst abwägen. Neben der Form der Hochschule sollten Interessierte vor allem auf die *Studieninhalte* schauen – denn diese fallen von Uni zu Uni sehr unterschiedlich aus.Wer schon weiß, dass er nach dem Bachelor an derselben Uni den Masterabschluss machen möchte, sollte sich gleich nach einer Ausbildungsstätte umsehen, die im weiterführenden Studium auch solche Schwerpunkte anbietet, die den eigenen Interessen entsprechen. Das gilt nicht nur, wenn man sich für ein eher kleines Spezialgebiet innerhalb der Psychologie interessiert wie »Wirtschaftspsychologie«, »neuropsychologische Forschungen« oder »Rehabilitationspsychologie«. Auch für die gängigen psychologischen Berufe, wie die Arbeit als Psychotherapeut, werden oft im Studium schon die Weichen gestellt. Roland Deutsch rät, sich die individuellen Verhältnisse an den einzelnen Hochschulen genau anzusehen und zu prüfen. »Wer später als Psychologischer Psychotherapeut arbeiten möchte, braucht als Grundvoraussetzung für die nötige Approbation in der Regel ein Universitätsstudium mit dem Schwerpunkt ›klinische Psychologie‹«, so der Professor für Sozialpsychologie und Experte der DGPs.

Welche Hochschulen sind die besten?

Um das herauszufinden, hilft ein Blick in die jeweils aktuellen Hochschulrankings. Die Ergebnisse des CHE-Hochschulrankings stehen hier: http://www.che-ranking.de/cms/?getObject=2&getLang=de

Wo bewirbt man sich für einen Studienplatz?

Es gibt grundsätzlich zwei Möglichkeiten: entweder direkt an der Hochschule, an der man studieren möchte oder über eine Zentralanmeldung. Derzeit läuft die Bewerbung über die jeweilige Hochschule, künftig ist aber die Bewerbung über eine zentrale Einrichtung geplant.

Wie ist das Studium aufgebaut?

Die neuen Studiengänge sind in Modulen aufgebaut. Dabei handelt es sich um thematisch in sich abgeschlossene Studieneinheiten, die meist aus mehreren Veranstaltungen bestehen. Wer die Vorlesungen und Seminare eines Moduls besucht hat, schließt selbiges in der Regel mit einer Prüfung ab. Viele sehen darin einen Vorteil gegenüber dem früheren Studienaufbau: Die geballte Ladung an schriftlichen und mündlichen Tests, der große Schrecken am Schluss des Studiums – er fällt aus. Nach dem neuen System absolvieren die Studierenden schon zwischendurch Prüfungen. Das bedeutet auch, es fällt leichter, den eigenen Kenntnisstand, im Vergleich zu den

Anforderungen und im Vergleich zu den Kommilitonen, im Auge zu behalten.

Neben den Prüfungen zum Abschluss der Module sammeln Studierende Leistungspunkte, um den absolvierten Studienumfang nachzuweisen. Im früheren Diplomstudiengan wurden dieser in »Semesterwochenstunden« (SWS) gezählt. Heute beziffern *credit points* den Arbeitsaufwand der einzelnen Fächer. Sie werden abgekürzt ECTS genannt, dahinter verbirgt sich das Wortungetüm *European Credit Transfer and Accumulation System*. Üblicherweise werden 300 ETCS bis zum Abschluss der Masterstudiums verlangt. Die DGPs empfiehlt folgende Verteilung: 180 ECTS sollten während des 3-jährigen (6 Semester) Bachelorstudiengangs gesammelt werden; 120 ECTS dann im Masterstudium, das über 2 Jahre (4 Semester) geht.

Was ist ein Monobachelor? Ein Monobachelorstudium bedeutet, die Mehrzahl der Leistungspunkte wird in den Modulen des Kernfachs (also in der Psychologie) absolviert. Nur sehr wenige Leistungspunkte werden in einem Nebenfach erworben. Experten raten zu einem Monobachelorstudium, wenn man später als Psychologe arbeiten möchte.

Welche Fächer gehören zum Psychologiestudium?

Ein Psychologiestudium setzt sich aus vielen verschiedenen Fächern zusammen. Meist werden diese nach Grundlagenfächern und Anwendungsfächern unterschieden. Der Begriff Grundlagenfächer leitet sich daraus ab, dass hier grundlegende Fragestellungen der Psychologie behandelt werden. Dazu gehören: Allgemeine Psychologie, Methodenlehre, Sozialpsychologie, Differentielle und Persönlichkeitspsychologie sowie Biopsychologie und Entwicklungspsychologie. Die sogenannten Anwendungsfächer verdanken ihren

Namen dem praktischen Bezug – ihrem jeweiligen Anwendungsfeld. Welche Anwendungsfeder eine Uni anbiet, variiert stark. Im Studium werden meist drei grundsätzliche Anwendungsfächer unterschieden: Klinische Psychologie, Arbeits- und Organisationspsychologie und Pädagogische Psychologie. Unter diese drei, die oft als Oberkategorien verstanden werden, lassen sich viele weitere Fachgebiete einordnen. Alle Anwendungsfelder vollständig aufzulisten, sprengt den Rahmen dieses Kapitels. Zu ihnen gehören auch die 18 Arbeitsfelder – wie beispielsweise Medienpsychologie, Sportpsychologie oder Personalpsychologie – in denen die hier im Buch vorgestellen Psychologen tätig sind.

Die DGPs gibt auf ihrer Webseite detaillierte Empfehlungen dazu, wie die Bachelor- und Masterstudiengänge inhaltlich aufgebaut sein sollten. Zusammengefasst wird geraten: Der Bachelorstudiengang sollte inhaltlich breit angelegt sein, beide Studiengänge, Bachelor und Master, sollten forschungsbezogen sein. Die Hochschule sollte Wert darauf legen, Grundlagenwissen und Anwendungsübungen früh zu vernetzen. Alle Bachelor- und Masterstudiengänge sollten die Fächer Methodenlehre und Psychologische Diagnostik beinhalten. Jede Universität sollte Inhalte des Bachelor- und Masterstudiums aufeinander abstimmen – sodass die Fächer des weiterführenden Studiums bereits in den Bachelorsemestern vorbereitet werden. Die detaillierten Empfehlungen der DGPs zum Aufbau und der Struktur der Studiengänge für das Fach Psychologie finden sich hier: http://www.dgps.de/studium/abschluesse/zielsetzungen.php

Wie finde ich einen geeigneten Studienplatz?

Die Auswahl an Ausbildungsstätten ist groß, das Studienangebot variiert von Hochschule zu Hochschule stark, und es gibt mehrere Zugangswege. Wie findet man sich zurecht? Die DGPS stellt dafür eine Suchmaske bereit: Mit ihr lässt sich prüfen, welche Universität die gewünschten Studiengänge und Schwerpunktfächer anbietet. Man kann aber auch andersherum suchen: Wer seinen Wunschort eingibt, erfährt, welche Studienmöglichkeiten die Hochschulen in der Lieblingsstadt anbieten. Die Maske ist hier: http://www.dgps.de/studium/studienorte/.

Wer darf sich in Deutschland »Psychologe« nennen?

Das darf nach einem Urteil des Bundesgerichtshofes (AZ:IZR174/83) nur, wer ein Diplom in Psychologie oder einen gleichwertigen Abschluss hat. Ein gleichwertiger Grad ist der Master of Science, nicht der Bachelor of Science (siehe Interview mit Fredi Lang S. 206). Der Grund für die geschützte Bezeichnung: Wer die Hilfe eines Psychologen in Anspruch nimmt, würde andernfalls getäuscht werden – denn der Verbraucher geht bei der Berufsbezeichnung »Psychologe« von einer Person mit abgeschlossenem Hochschulstudium im Hauptfach Psychologie aus.

Kann man sich an der Uni zum Psychotherapeuten ausbilden lassen?

Neben vielen Instituten, die eine Ausbildung zum Psychotherapeuten anbieten, ist es auch möglich, an einigen Universitäten Psychotherapie in Form eines Aufbaustudiengangs zu studieren. Dabei handelt es sich immer um sogenannte postgraduale Studiengänge – das bedeutet, ein abgeschlossenes Psychologiestudium (Diplom oder Master) ist die Voraussetzung. So einen Studiengang gibt es beispielsweise an der Universität Hamburg und an der Ruhr-Universität Bochum. Mehr Informationen: www.psychotherapie.uni-hamburg.de/ sowie www.kli.psy.ruhr-uni-bochum.de/weitervoll.html

Welche psychotherapeutischen Verfahren sind anerkannt, welche werden von der Krankenkasse bezahlt?

Es gibt sehr viele Methoden der Psychotherapie, nur wenige sind anerkannt. Die strengsten Regeln werden von den gesetzlichen Krankenkassen angesetzt. Die gesetzlichen Krankenkassen erstatten derzeit nur die Kosten von Behandlungen mit folgenden Methoden:

- analytische Psychotherapie,
- tiefenpsychologisch fundierte Psychotherapie,
- Verhaltenstherapie.
- neuropsychologische Therapie bei organisch bedingten psychischen Erkrankungen.

Mehr Informationen dazu gibt es bei der Bundespsychotherapeutenkammer: http://www.bptk.de/.

STUDIEREN IM AUSLAND

Wo geht das, was muss man beachten?

Weil das Fach Psychologie so beliebt ist und die Zahl der Studienplätze begrenzt ist, suchen einige Studierwillige ihr Glück im Ausland. Die Vorteile so eines Auslandsstudiums: Die Abiturnote stellt meistens keine Hürde dar, weil alle Bewerber zugelassen werden oder eine hochschulinterne Auswahl (Test, Vorstellungsgespräch o.ä.) getroffen wird. Günstig ist auch, dass ein Auslandsstudium in Deutschland als Wartezeit angerechnet wird. Das bedeutet: Wer an der ausländischen Uni scheitert, verliert zwar Geld, aber die dort verbrachten Semester zählen als »Wartezeit« für eine Bewerbung an einer Deutschen Hochschule. Neben diesen und weiteren Vorzügen gibt es auch einige Hürden auf diesem Weg, die nicht für alle überwindbar sind: Meist fallen Studiengebühren an, die erheblich höher ausfallen als in Deutschland, und oft muss eine fremde Sprache erlernt oder perfektioniert werden.

Wie es ist, im Ausland zu studieren, berichtet Anja-Franziska Ernst, die diesen Schritt kürzlich gewagt hat. Derzeit studiert sie im zweiten Semester an der Universität in Groningen. Wie sie dazu kam und wie ihr das Studium in Holland gefällt, erzählt sie im Interview.

Wie bist du auf die Idee gekommen, im Ausland zu studieren?

Darauf gebracht haben mich 25 Absagen, die ich insgesamt von deutschen Universitäten bekam, als ich mich 2011 für den Studiengang Psychologie an verschiedenen Hochschulen beworben hatte.

Das war sehr enttäuschend: Obwohl ich einen Abiturschnitt von 2,1 vorweisen konnte, bekam ich keinen Studienplatz.

Wo hast du dich über das Studieren in einem anderen Land informiert?

Das habe ich vor allem über Internetrecherche getan: Ich bin auf die Webseiten der Universitäten in ganz unterschiedlichen Ländern gegangen und habe mir die Studienvoraussetzungen und -bedingungen angesehen. Zuerst habe ich breit gesucht und dann weiter eingegrenzt: Es sollte keinen Numerus Clausus geben, der mich ausschließt, die Studiengebühren sollten möglichst niedrig sein und die Unterrichtssprache Deutsch oder Englisch. Am Schluss hatte ich zwei Hochschulen in der engeren Wahl: die Universität Groningen, die als einzige Hochschule in Holland neben dem holländischen Studium auch einen englischen Studiengang anbietet und für diesen ein spezielles Aufnahmeverfahren anbietet. Als zweites kam für mich die Universität Innsbruck in Österreich in Frage.

Wie hast du dich beworben bei den Unis, wie waren die Auswahlverfahren?

Das war unterschiedlich. Für Groningen lief die Anmeldung zum Aufnahmeverfahren auf elektronischem Wege, über verschiedene Webseiten der Universität. Die Anmeldung für Innsbruck lief ganz anders: Dort wurde verlangt, dass man nach Innsbruck reist und die Bewerbungspapiere persönlich einreicht. Was bei beiden Universitäten ähnlich war: Man musste vor Ort einen Aufnahmetest machen – und der war entscheidend. Je nach Abschneiden wurde über die Zulassung zum Studium oder eine Absage entschieden. Ich habe an beiden Universitäten an diesen Tests teilgenommen und für beide Hochschulen eine Zusage bekommen – da hatte ich dann die Qual der Wahl.

Wie hast du dich entschieden, nach welchen Kriterien?

Ich habe mich aus mehreren Gründen für das Studium in Holland entschieden. Dort ist es möglich, in englischer Sprache zu studieren, außerdem gefällt mir, dass dort Menschen aus aller Welt zusammen lernen, die Uni ist dadurch international geprägt. Die meisten meiner Mit-Studenten sind zwar Deutsche, aber wir haben hier Studierende aus vielen verschiedenen Ländern, wie Brasilien, Finnland, den USA, Griechenland oder der Türkei. In England zu studieren kam für mich übrigens nicht in Frage wegen der hohen Studiengebühren. Diese betragen in Holland pro Semester »nur« 850 Euro.

Wie ist das Studium an deiner Universität in Groningen aufgebaut, sind Bachelorabschluss und Masterstudium vergleichbar?

Mein Psychologiestudium hier ist mehr auf Statistik ausgerichtet, als es an den meisten deutschen Universitäten der Fall ist. Aber ansonsten ist der Lehrstoff im Bachelorstudium recht ähnlich. Danach wird es allerdings unterschiedlich – und bringt auch Probleme: Das anschließende Masterstudium dauert hier in Holland nur ein Jahr, während in Deutschland zwei Jahre üblich sind. Wegen dieser Verkürzung wird der Masterabschluss von der Uni Groningen in Deutschland nicht anerkannt. Ich plane deshalb so: Ich möchte meinen Bachelor in Holland machen, den Master dann aber lieber in einem anderen Land – denn ich finde es wichtig, dass mein Abschluss in Deutschland gilt. Für das Masterstudium kann ich mir vorstellen, in Kanada, USA oder Australien zu studieren, da bin ich mir noch nicht sicher. Ich habe ja noch etwas Zeit. Das gilt auch für meine Schwerpunkte im Studium, die werde ich erst später setzen. Ich bin im Moment noch unentschieden, was ich einmal mit meinem Studienabschluss machen möchte, es gibt so viele Möglichkeiten.

Was manchen wohl abschreckt: Du studierst in Englisch. Wie gut konntest du die Sprache denn vorher?

In den letzten zwei Jahren auf dem Gymnasium hatte ich immer elf von 15 möglichen Punkten im Zeugnis, das entspricht etwa einem Notenschnitt von 1,9. Das ist ganz gut, aber richtig sicher fühlte ich mich in der Sprache nicht. Nach dem Abitur und den vielen Studienplatzabsagen in Deutschland ging ich dann noch auf eine Sprachenschule in Cambridge in England: Ich wusste ja schon, dass im Psychologiestudium das Englische ganz wichtig ist, ich wollte mich darauf vorbereiten, in einem deutschen Studiengang englische Fachtexte gut lesen zu können. Dass ich später auf Englisch studiere, hätte ich mir da noch nicht träumen lassen ...

Und wie ist es nun, in Englisch zu studieren?

Am Anfang fand ich es nicht einfach, aber ich habe mich schnell an die Sprache gewöhnt. Das geht den meisten hier so. Am schwierigsten ist das Schreiben von Hausarbeiten. Meiner Erfahrung nach ist es hilfreich, die eigenen Texte von Muttersprachlern überprüfen zu lassen – dafür jemanden zu finden, ist zum Glück an meiner Universität hier gar nicht schwierig, da die Studierenden aus vielen verschiedenen Ländern kommen. Aber vor so einer Korrektur muss man den Text erst einmal schreiben, das können einem andere nicht abnehmen. Man sollte also in der Lage sein, wissenschaftliche Texte ohne fremde Hilfe auf Englisch verfassen zu können.

Wem würdest du das Studieren im Ausland empfehlen, wem nicht?

Ich würde das Studium in Groningen auf jeden Fall allen ans Herz legen, die weltoffen sind und sich das Leben und Arbeiten in anderen Ländern grundsätzlich vorstellen können. Wer einen Studienplatz in Deutschland ergattern konnte und auch später gerne in seinem Land bleiben möchte, für den erübrigt sich wohl der Studienweg über das Ausland. Abraten von einem Auslandsstudium würde ich jemandem, der nicht stark interessiert und hoch motiviert ist – denn das Auslandsstudium birgt einige zusätzliche Belastungen, die man auf sich nehmen muss: größere Distanz zum alten Umfeld, also Freunden und Familienangehörigen; erhöhter Arbeitsaufwand aufgrund des Unterrichts in Englisch und eine erschwerte Kommunikation mit den Menschen vor Ort im Alltag – die sich untereinander in einer fremden Sprache verständigen.

➔ Informationen zum Studium in Groningen

Die Universität Groningen, im Norden der Niederlande, wurde 1614 gegründet. Die Hochschule ist international ausgerichtet, rund 4.000 Studierende aus 120 verschiedenen Ländern studieren hier. Ähnliches gilt für die Lehrpersonen, von denen etwa ein Fünftel nicht aus den Niederlanden stammt. Weitere Informationen zur Universität Groningen (University of Groningen): http://www.rug.nl/education/

Generelles zum Studieren in Holland

Derzeit kann man an 10 Hochschulen in den Niederlanden Psychologie studieren. Seit 2002 ist dort die Bachelor-Master-Struktur des Faches eingeführt, Studienleistungen werden – wie in Deutschland auch – nach ECTS-Punkten angerechnet. Bis zum Master dauert dort ein Studium vier Jahre: Drei Jahre Bachelorstudium und ein Jahr Masterstudiengang.

Anerkennung in Deutschland: Vorsicht! Genau erkundigen! Der Master wird in Deutschland nicht anerkannt – Grund ist das kürzere Studium. (In Deutschland dauert das zweistufige Studium insgesamt 5 Jahre bis zum Masterabschluss.)

Studienbeginn: jeweils am 1. September.

Sprache: Niederländisch oder Englisch.

Studienkosten: http://www.studieren-in-holland.de/25,1,studiengebuehren.html

➔ **Weitere Informationen zu Zulassungszahlen und einzelnen Universitäten gibt es hier:**
http://www.studielink-hilfe.de/43,1,120,psychologie.html

Studieren in Österreich

In Österreich bieten derzeit 6 Hochschulen ein Psychologiestudium an. Auch dort laufen die Diplomstudiengänge aus und es werden die zweistufigen Bachelor-Master-Studiengänge angeboten.
Dauer des Studiums: 6 Semester für das Bachelorstudium (180 Ects-AP); für das Masterstudium 4 Semester (120 Ects-AP).
Anerkennung in Deutschland: Vor Studienbeginn sollte man sich aktuell informieren!
Studienbeginn: jeweils zum Sommer- und Wintersemester.
Unterrichtssprache: Deutsch.

➔ **Mehr aktuelle Informationen:**
www.bildungundkarriere.at/

Studieren in der Schweiz

In der Schweiz gibt es 12 universitäre Hochschulen, zwei davon sind technische Hochschulen. Die Umstellung auf Bachelor und Master ist seit 2010 an allen Unis abgeschlossen. Deutsch gesprochen wird an den Universitäten in Basel, Bern, Luzern, St. Gallen und Zürich sowie an der Eidgenössischen Technischen Hochschule Zürich (ETHZ). Über die Zulassungsvoraussetzungen entscheiden die Hochschulen in Eigenregie.

Problem: Achtung! Für Abiabsolventen ist das Land nicht geeignet. In der Schweiz werden derzeit nur Studienbewerber zugelassen, die bereits ein Psychologiestudium abgeschlossen haben!
Bewerbung: Wer interessiert ist, sollte sich mit dem *international office* oder der Abteilung *incoming mobility* der jeweiligen Hochschule in Verbindung setzen – so werden dort die zentralen Anlaufstellen für Studienbewerber aus dem Ausland genannt.
Liste der Zulassungsstellen: www.crus.ch/information-programme/studieren-in-der-schweiz/anmeldung-zulassung/zulassungsstellen.html

➔ **Weitere generelle Informationen dazu, wie man sich in der Schweiz bewirbt:**
auf Deutsch auf der Webseite der »Rektorenkonferenz der Schweizer Universitäten«:www.crus.ch/information-programme/studieren-in-der-schweiz.html

Studieren in Großbritannien

In England gibt es über 100 Universitäten, die ein Psychologiestudium anbieten. Die Bachelor-Master-Struktur ist noch nicht überall eingeführt. Was also den Abschluss, die Übertragbarkeit auf Deutschland und die Anerkennung angeht, sollte man sich vor Studienbeginn genau und aktuell informieren.
Dauer des Studiums: derzeit meist 3 Jahre Bachelorstudium, danach 1 Jahr Masterstudium.
Anerkennung in Deutschland: Vorsicht! Genau erkundigen! Der Master wird in Deutschland derzeit nicht anerkannt – Grund ist das kürzere Studium. (In Deutschland dauert das zweistufige Studium insgesamt 5 Jahre bis zum Masterabschluss.)
Studienbeginn: zum September, oft auch zum Februar des Jahres.
Unterrichtssprache: Englisch.

Recherche: Suche nach Studienmöglichkeiten für *international students*.
Studienkosten: Diese sind unterschiedlich und zum Teil sehr hoch. Der englische Ausdruck dafür lautet *tuition fee*. Oft betragen die Kosten ein Vielfaches dessen, was man aus Deutschland gewohnt ist. Im internationalen Studiengang Psychologie an der supermodernen *University of East London* (UEL) etwa beträgt sie seit 2012 (Wintersemester) 9.000 Britische Pfund pro Jahr – das waren im April 2013 umgerechnet mehr als 10.600 Euro. Die Studiengebühren auszurechnen ist oft nicht einfach – denn manchmal gibt es nicht eine »Jahresgebühr« wie an der UEL, sondern die Kurse werden einzeln in Rechnung gestellt. Sich hier zurechtzufinden ist also aufwändig, das Studieren insgesamt eher etwas für finanziell sehr gut Situierte.

➔ **Mehr Informationen:**

Eine Liste mit Links zu den Universitäten, die ein Psychologiestudium anbieten, findet sich hier: http://www.studieren-in-england.de/studiengaenge/bachelor/gesundheitswesen/psychology--2

Studieren im Rest der Welt

Ob in den USA, Australien oder Kanada – wer über gute Englischkenntnisse verfügt, kann im Prinzip auch in diesen Ländern Psychologie studieren. Aber wer mit diesem, im Ausland erworbenen Abschluss (Bachelor oder Master of Science) in Deutschland arbeiten möchte, muss sich genau informieren: In Deutschland herrschen genaue Vorschriften, wer sich »Psychologe« und besonders, wer sich »Psychotherapeut« nennen und als solcher arbeiten darf (siehe Seite 153 f.). Ein Studienabschluss aus dem Ausland macht eine Zulassung nicht generell unmöglich, aber schwierig, da sehr strenge Anerkennungsregeln für diese Berufsbezeichnungen herrschen. Dies gilt besonders für angehende Psychotherapeuten.

Man sollte sich daher schon vor der Bewerbung genau erkundigen, ob der angestrebte Abschluss später in Deutschland anerkannt wird – und sich, falls nicht, dieses Manko nicht schönreden: Schon mancher wollte mit Anfang 20 »für immer auswandern« und fand schon ein paar Jahre später die heimatlichen Gefilde wieder attraktiv. Wer für die Anerkennung zuständig ist ist von Bundesland zu Bundesland unterschiedlich, es können die Landesprüfungsämter für Medizin oder Landesgesundheitsämter sein.

➔ **Mehr Informationen zur Titelanerkennung und Reglementierung:**
auf der Webseite des Berufsverbandes Deutscher Psychologinnen und Psychologen (BDP): http://www.bdp-verband.org/psychologie/faq_titelanerkennung.shtml
Für eine erste schnelle Bewertung des ausländischen Studienabschlusses empfiehlt der BDP den Schnellcheck über diese Webseite der Kultusministerkonferenz: http://anabin.kmk.org/.

Und noch ein Tipp für die Recherche »Auslandsstudium«

Generelle Informationen zum Studieren im Ausland – oft solide und aktuell mit vielen hilfreichen Links – bieten im Internet private Beraterfirmen an. Diese Seiten sind oft sachlich gestaltet und sehen auf den ersten Blick wie offizielle Homepages von Verbänden aus – sie sind es aber nicht. Auch wenn der Besuch der Seiten kostenlos ist – jemand muss diese Arbeit bezahlen. Entweder sind daher Folgeberatungen und Hilfen bei der Bewerbung kostenpflichtig – oder, diese Variante gibt es auch: Die Unterstützung ist bis zum Schluss kostenfrei – aber die Beraterfirma lässt sich von (bestimmten) Auslandsuniversitäten bezahlen. In letzterem Fall müssen Sie davon ausgehen, dass Ihnen von der Beraterfirma vorrangig jene Auslandsstudienmöglichkeiten nahegelegt werden, mit deren Vermittlung die privaten Berater am meisten Provision kassieren. Diese werden oft »Partner« genannt. Manche Betreiber sind Anwälte, die über die Seiten Kunden werben möchten, die einen Studienplatz einklagen wollen.

Tipp: Suchen Sie auf solchen Webseiten nach Informationen, wer sie betreibt, beispielsweise über den Button »Wir über uns« oder »Firmenphilosophie«, »Wer wir sind« oder das »Impressum«.

➔ **Weitere Informationen gibt es hier:**

http://www.dgps.de/studium/ausland/

ZUM SCHLUSS

»Psychologen sind selten arbeitslos«

Ein Gespräch mit Fredi Lang vom Berufsverband Deutscher Psychologinnen und Psychologen e.V. (BDP) über die Gegenwart der Psychologenausbildung und die Zukunft des Berufsstandes

Herr Lang, wer darf sich überhaupt »Psychologe« nennen?

Psychologe ist eine Berufsbezeichnung, die sich an ein fünfjähriges – oder mindestens vierjähriges – Studium knüpft. Es muss die üblichen Kernfächer enthalten und eine Abschlussarbeit beinhalten. Voraussetzung ist entweder ein Studienabschluss mit dem früheren Diplom oder mit der neuen Kombination Bachelor- plus Masterabschluss im Hauptfach Psychologie.

Dann reicht ein Bachelorabschluss nicht, um sich »Psychologe« zu nennen?

Nein. Beim Bachelor handelt es sich um die Zwischenstufe, die nach einem dreijährigen Studium erreicht ist. Da die Anforderungen an das Berufsbild »Psychologe« im europäischen Raum eher steigen, ist es auch sehr unwahrscheinlich, dass sich das ändert. Es gibt inzwischen sogar einige Arbeitsfelder, die eine sieben- oder achtjährige Ausbildung für einen psychologischen Beruf verlangen, beispielsweise Psychologischer Psychotherapeut oder Fachpsychologe für Rechtspsychologie.

Welchen Beruf kann man mit einem Bachelorabschluss ausüben? Wofür qualifiziert er – wofür nicht?

Das Problem ist folgendes: Es gibt nicht für alle akademischen Berufe auch einen »halben Beruf«. Also einen Bachelor-Mediziner, einen Bachelor-Architekten oder Bachelor-Rechtsanwalt, das existiert nicht. In der sogenannten Bologna-Erklärung, in der die Umstellung von Diplom auf Bachelor/Master beschlossen wurde, heißt es nicht, dass der Bachelorabschluss der erste Berufsabschluss eines Studiengangs ist. Sondern es ist der erste Abschluss, der eine Arbeitsmarktqualifikation mit sich bringt.

Und welche Arbeitsmarktqualifikation könnte das sein?

Ich kann mir beispielsweise vorstellen, dass Bachelorabsolventen als besser qualifizierte Erzieher arbeiten. Oder sie können in der Wirtschaft im Personalbereich für bestimmte Tätigkeiten eingesetzt werden, die noch nicht die volle Qualifikation des Psychologen erfordern. Grundsätzlich kann man sagen: Bachelorabsolventen können psychologisches Wissen auf Fragestellungen anwenden. Sie können aber neue Fragestellungen nicht systematisch analysieren, Strategien dazu entwickeln, durchführen und diese evaluieren. Dort verläuft die Grenze zum Masterabschluss.

Können Sie uns noch weitere Beispiele für Berufe nennen, die aus Ihrer Sicht nach dem Bachelorabschluss denkbar sind?

Das macht wenig Sinn, denn welche Berufe mit einem Bachelorabschluss tatsächlich ausgeübt werden dürfen, wird vom Arbeitsmarkt gesteuert und teilweise staatlich geregelt und nicht von den Berufsverbänden entschieden. Bis vor zwei Jahren war es beispielsweise so, dass ein Psychologieabschluss mit Bachelor nicht als Erzieher-

Äquivalent gewertet wurde. Es ist derzeit noch nicht klar, welche Anerkennung es für welche Tätigkeiten für die verschiedenen Bachelorabsolventen künftig geben wird. Ich denke, es ist für die Leser dieses Buches auch nicht so wichtig – weil fast alle Bachelorabsolventen auch später den Masterabschluss machen.

Gibt es für das Masterstudium nicht auch eine Hürde, sodass nur die Besten einen Platz bekommen?

Die Quotierung zum Masterstudium ist lange nicht so hoch ausgefallen, wie ursprünglich von den Studierenden befürchtet. Psychologie wurde als Fach erst relativ spät auf Bachelor/Master umgestellt, aber es gibt inzwischen erste Daten, was Bachelorabsolventen nach ihrem Abschluss machen. Folgendes Bild deutet sich an: Nur etwa 4 bis 6 Prozent der Bachelorabsolventen beginnen *nicht* direkt anschließend ein Masterstudium. Und die Hälfte von diesen wenigen nimmt das Masterstudium etwas später auf. Insofern gibt es nur sehr wenige Bachelorabsolventen, die langfristig auf Basis dieses Studienabschlusses einen Arbeitsplatz suchen.

Lassen Sie uns über den Masterabschluss reden – ist er mit dem alten Diplom vergleichbar?

Die meisten Kombinationen aus Bachelor- und Masterstudium sind den vorherigen Diplomstudiengängen sehr ähnlich. Es gibt nur wenige Ausnahmen. Sie betreffen die Wissenstiefe in den drei klassischen Anwendungsfeldern Klinische Psychologie, Arbeits- und Organisationspsychologie und Pädagogische Psychologie. Der frühere Diplomstudiengang war so aufgebaut, dass Studierende zunächst ein Basiswissen in *allen drei* Feldern vermittelt bekamen; erst im Hauptstudium entschieden sie sich für eines der Fächer, um sich darin zu spezialisieren.

Der neue Studienaufbau mit Bachelor und Master ermöglicht es nun in Ausnahmefällen, dass jemand schon im Bachelorstudium seinen Schwerpunkt wählt und diesen auch im Masterstudium weiterverfolgt. Wer sein Studium so früh auf ein Anwendungsgebiet zuschneidet, ist dann zwar im gewählten Gebiet besser ausgebildet – aber dafür in den zwei anderen Feldern etwas weniger gerüstet. Insofern kann es zwischen Diplom und Masterabschluss Unterschiede geben, je nach Studienzuschnitt. Bei einer fünfjährigen Studienvariante sind Master- und Diplomabschluss aber fast immer nahezu identisch.

Dazu ein grundsätzlicher Hinweis: Ein Berufsleben dauert in der Regel 35 Jahre lang. Ich würde empfehlen, die erste Phase der Ausbildung in Psychologie, also das Bachelorstudium, sehr bodenständig und breit anzulegen – und sich erst später zu spezialisieren. Denn was man als Studierender an Grundlagen in der ersten Studienphase lernen kann, lässt sich später in dieser Tiefe nicht mehr nachholen. Sie bekommen in einem Masterstudiengang oder in einem Doktorprogramm keine psychologischen Grundlagenkenntnisse mehr vermittelt. Und wenn das Basiswissen fehlt – ich denke hier beispielsweise an Fächer wie Diagnostik, Entwicklungspsychologie, biologische Psychologie – dann lässt sich auf diese Grundlagenfächer auch später nicht aufbauen.

Sie empfehlen, das Studium breit anzufangen?

Ja, auch wenn es Verlockungen gibt, mit einer frühen Spezialisierung schnell einen Arbeitsplatz zu bekommen. Wenn man mit einer dünnen Basisqualifikation schnell in den Beruf einsteigt, kann man später Schwierigkeiten bekommen, mit seinen Kompetenzen in die Breite zu gehen. Es könnte auch sein, dass der Zugang zu bestimmten Masterstudiengängen erschwert ist – weil diese Studiengänge auf einem Vorwissen aufbauen, über das man nach einem früh spezialisierten Bachelorstudiengang gar nicht verfügt.

Wie viele Psychologen gibt es überhaupt in Deutschland – und in welchen Berufsfeldern arbeiten die meisten?

Wir gehen davon aus, dass zu Beginn des Jahres 2012 rund 61.000 Psychologinnen und Psychologen in Deutschland tätig waren. Etwa die Hälfte von ihnen arbeitet als Psychotherapeuten. Eine genaue Aufschlüsselung zu den einzelnen Berufstätigkeiten gibt es leider nicht. Es liegt zum einen daran, dass das statistische Bundesamt die Arbeitsfelder nicht erfasst. Zum anderen sind etwa die Hälfte der Psychologen in Deutschland freiberuflich tätig – und das meist in mehreren Arbeitsfeldern parallel. Das macht es schwierig. Denn in welches Berufsfeld sollte man beispielsweise jemanden einordnen, der halbtags als Psychotherapeut arbeitet, außerdem als Supervisor tätig ist und gelegentlich forensische Gutachten schreibt? Solche Mischformen sind bei den Selbstständigen die Regel.

Ist das ein Trend, das immer mehr Psychologen selbstständig tätig sind?

Derzeit machen sie etwa 40 Prozent aus. Bis Ende 2011 sahen wir hier einen stetigen Anstieg der Selbstständigen, aber seit 2012 ging die Zahl leicht zurück. Wir vermuten, es hängt mit den staatlichen Zuschüssen für Existenzgründer zusammen – diese wurden 2012 zurückgefahren und damit ein Aufbau der Selbstständigkeit auch für Psychologen erschwert.

In welchen Arbeitsfeldern wird es für Psychologen gute Berufsaussichten geben – wer wird in Zukunft gebraucht?

Das ist natürlich schwer zu sagen, aber ich will versuchen, Ihnen eine Einschätzung zu geben. Die Berufsaussichten hängen vom gesellschaftlichen Bedarf ab – und derzeit zeichnet sich folgende Entwicklung ab: Die Arbeitsbelastung der Einzelnen steigt, familiäre

Zusammenhänge werden zunehmend brüchiger, und die Menschen werden immer älter. Wenn wir uns alleine diese drei Entwicklungstrends ansehen, ergeben sich daraus folgende Arbeitsfelder, die künftig stärker gefragt sein werden: »Arbeit und Gesundheit«, »Bildung und Gesundheit« und »Alter und Gesundheit«. In diesen drei Gebieten sind Psychologen derzeit schon gesucht, und sie werden auch künftig dort stark nachgefragt werden.

Das bedeutet aber nicht, dass Psychologen in den vielen anderen Berufsfeldern, von der Sportpsychologie über die Verkehrs- und Notfall- bis zur Neuropsychologie künftig weniger gebraucht werden. Auch diese Spezialisten werden gefragt sein. Wenn es um die langfristigen Berufsaussichten geht, spielt auch die Ausgangslage eine Rolle – und diese ist derzeit sehr gut, Psychologen sind selten arbeitslos. Das wird in Zukunft ähnlich sein.

Ich hatte eigentlich gedacht, Sie nennen uns Hirnforschung oder Umweltpsychologie als die künftigen boomenden Berufsfelder.

Sicher, diese beiden Themenkreise sind gegenwärtig viel diskutiert – und wir erwarten in diesen Feldern auch Erkenntnissprünge in den nächsten Jahren. Aber es sind nicht unbedingt Arbeitsfelder, in denen sehr viele psychologische Dienstleistungen benötigt werden. Was die Forschungsinstitute angeht: Sie stellen immer nur einen vergleichsweise kleinen Anteil der Arbeitsplätze für Psychologen.

Allein weil die Menschen immer älter werden, wird wohl die Zahl der Schlaganfälle steigen – und damit werden wir mehr neurologische Komplikationen zu behandeln haben. Ähnliches gilt für die gerontologischen Fragestellungen. Das ist richtig. Und die Erkenntnisse der Forschung werden in die Verbesserung der Prävention und der Interventionen einfließen. Aber ich sehe in der Forschung keinen bedeutsamen Arbeitsmarkt.

Meiner Meinung nach wird es künftig für Psychologen stärker darum gehen, Präventionsmaßnahmen zu entwickeln, um zu einem gesunden und zufriedenen Altern beizutragen. Darauf hinzuwirken, dass es im Alter möglichst nicht zu Schädigungen kommt, sondern diese möglichst schon vorbeugend abzuwenden – ich denke Prävention und Gesundheitserhaltung werden stärkere Arbeitsfelder für Psychologen sein als die neurologische Rehabilitation.

Lohnt sich ein Psychologiestudium überhaupt?

Das muss jeder für sich selbst entscheiden, es kommt ganz darauf an, was man darunter versteht. Abgesehen von der finanziellen Vergütung spielt ja auch die Arbeitszufriedenheit eine Rolle und die Lebenszufriedenheit durch die Tätigkeit in einem Beruf, den man über viele Jahre als interessant und erfüllend empfindet. Ich denke, hier hat die Psychologie den Menschen, die sie als Beruf wählen, viel zu bieten.

Fredi Lang ist Diplompsychologe und Referatsleiter für Fach- und Bildungspolitik im Berufsverband Deutscher Psychologinnen und Psychologen e.V. (BDP). Er berät die Mitglieder des Berufsverbandes in Fragen des Berufsweges und der Existenzgründung.

Nützliche Adressen

- **Ausführliche Infos rund um das Psychologiestudium finden sich auf der Webseite der DGPs:** http://www.dgps.de/studium/

- **Zu Studiengängen, -inhalten und -abschlüssen:** http://www.dgps.de/studium/abschluesse/faq/.

- **Zu den ECTS- Leistungspunkten:** http://www.dgps.de/studium/abschluesse/bachelor/
  Verteilung der ECTS – Leistungspunkte im Masterstudium: http://www.dgps.de/studium/abschluesse/master/.

- **Weitere Informationen zum Psychologiestudium gibt es auch hier:**
  www.psychologie-online.com
  www.psychologie-studium.info
  www.psychologie.de
  www.daad.de
  www.hochschulkompass.de
  www.studienfuehrer.de
  www.psychologie-studium.info

Studienabschlüsse – welche sind anerkannt?

Wer sich weitergehend über die verschiedenen Studienabschlüsse und Titel (wie Bachelor, Master, Diplom, Psychologe und Psychotherapeut) informieren möchte, wird auf der Webseite des BDP zur »Titelanerkennung und Berufsausübung in Deutschland« fündig: http://www.bdp-verband.org/psychologie/faq_titelanerkennung.shtml

Umstellung von Diplom auf Bachelor und Master

Weitere Fakten zur Umstellung des Studienganges Diplompsychologie auf Bachelor und Master gibt es vom BDP in Form einer 50-seitigen Online-Broschüre. Den »Bachelor-Reader 2.0« finden Sie unter:
http://www.bdp-verband.de/profession/bachelor.html

Allgemeine Fragen zum Beruf Psychologe

Deutsche Gesellschaft für Psychologie e.V. (DGPs)

Dabei handelt es sich um eine Vereinigung der in Forschung und Lehre arbeitenden Psychologinnen und Psychologen. Rund 3.300 Mitglieder aus Deutschland, Österreich und der Schweiz sind darin zusammengeschlossen. Die DGPs ist ein rechtsfähiger, gemeinnütziger Verein. Er betreibt eine Webseite mit vielen Informationen über aktuelle Entwicklungen in der Psychologie. Für Studieninteressierte gibt es hilfreiche Fakten unter dem Menüpunkt »Psychologie studieren«.
Webseite: www.dgps.de

Berufsverband Deutscher Psychologinnen und Psychologen e.V. (BDP).

Der Verband wurde 1946 in Hamburg gegründet und vertritt die beruflichen Interessen von Psychologen und Psychologinnen aus allen Tätigkeitsbereichen. Dies sind unter anderem

Psychologen der Felder Gesundheitspsychologie, Klinische Psychologie, Psychotherapie, Schulpsychologie, Rechtspsychologie, Verkehrspsychologie, Wirtschaftspsychologie, Umweltpsychologie, Politische Psychologie. Heute gehören dem Verband rund 11.500 Mitglieder an, diese sind in 13 Landesgruppen und 11 Sektionen (nach Arbeitsfeldern) organisiert.
Webseite: www.bdp-verband.org/

Literatur

Peter A. Frensch: *Zur Lage der Psychologie als Fach, Wissenschaft und Beruf. Erste Entwicklungstendenzen nach Einführung der Bologna-Reformen.* Psychologische Rundschau Nr. 64, Hogrefe, Göttingen 2013

Werner Gross: *Erfolgreich selbständig. Gründung und Führung einer psychologischen Praxis.* Springer, Heidelberg 2012

Celina Henning, Wolfgang Henning: *Studienführer Psychologie. Lexika Verlag, Eibelstadt.* 6. Aufl. 2010

Gerd Mietzel: *Wege in die Psychologie.* Überarbeitete Neuausgabe, 13. Auflage, Stuttgart, Klett-Cotta 2006

Hans-Peter Nolting, Peter Paulus: *Psychologie Lernen. Eine Einführung und Anleitung.* 10. Überarbeitete Auflage, Beltz, Weinheim 2009

Marcus Rautenberg: *Jetzt bin ich Psychotherapeut. Wissenswertes zu Approbation und Berufspraxis.* DPV, Deutscher Psychologen Verlag, Köthen 2011

Angela Schorr: *Psychologie als Profession. Das Handbuch.* Hans Huber, Bern 2003

Karin Sternberg, Manfred Amelang (Hrsg.): *Psychologen im Beruf. Anforderungen, Chancen und Perspektiven.* Kohlhammer, Stuttgart 2008

Danke!

Ich möchte allen meinen Interviewpartnern danken: Den Psychologinnen und Psychologen, die sich Zeit genommen haben, um mit großer Offenheit von ihrer Arbeit und ihren Erfahrungen zu berichten. Ohne sie wäre dieses Buch nie entstanden. Danken möchte ich auch den weiteren Interviewpartnern und Fachleuten, die dieses Buch mit ihrem Expertenwissen bereichert haben: Fredi Lang, Marcus Rautenberg, Roland Deutsch, Bianca Vaterrodt und Anja-Franziska Ernst.

Herzlich danken möchte ich Nanette Toillié und Elke Schneider für viele Ideen, Ermunterungen und Feedback nach dem Lesen mancher Kapitel.

Mein Dank geht auch an Ursula Nuber und Heiko Ernst – für die Idee zu diesem Buch und die Anregung, es zu schreiben. Besonders danke ich Ursula Nuber für allzeit offene Ohren und tatkräftige Unterstützung bei diesem Projekt.

Susie Reinhardt